不純情なロマンス

不純情羅曼史

日治時期臺灣人的婚戀愛欲

蔡蕙頻・著

目錄

以史為鑑，絕對不只可以知興替，歷史告訴我們的，還有一連串的八卦。

當歷史是一連串不得不背誦的年代、事件和人物，可能枯燥不堪，但若歷史是生活，是回憶，甚至是緋聞八卦，那就變得活潑生動，可親可愛。生活在網路時代的你，說到談戀愛，可能以為靠親戚三不五時介紹異性、靠寫信交筆友已經夠原始了，其實還有更古早的日本時代，老臺灣人熱烈地譜著他們的羅曼史，而且這段羅曼史，可不是那種手也不敢牽、眼神不敢交會的「純純的愛」，讀完這本「不純情羅曼史」，你就會明白，日本時代的臺灣，沒有狗仔也精采。

臺灣有半世紀的日本時代，一九二〇年代以後，不只是臺灣已經被日本統治超過二十五年之久，基礎建設陸續完工，各種軟硬體兼備，上軌道運作，整體而言社會已經相對穩定了，不過，看不見的人心與腦袋，到底在想些什麼？如果說歷史太沉重，就讓我們用婚戀愛欲，來親近老臺灣人的流金歲月。

如果沒有那次天雷勾動地火的回眸，怎麼能勾起一場驚心動魄的戀愛？然而，「美」可不只是用「大家閨秀」來形容，在日本時代，「美」多了很多形容詞，無論文質彬彬或健康陽光都是美，就算外型不出眾，也有一堆美容聖品與技巧可挽救，先天條件不是問題，後天養成也沒有壓力。

內外都水噹噹之後，總得跨出第一步，走進愛情裡。除了靠相親，還有什麼開啟戀愛之門的途徑？認識心儀的對象之後，又要怎麼樣才能讓對方留下好印象？去哪裡約會才是燈光美、氣氛佳？初次約會的男女們，要怎樣「第一次約會就上手」？搞定約會大小事可不簡單，這一切都是學校沒教的事。

如果戀愛能從「現在式」發展成「完成式」，結婚也有很多種方式任君選擇；外遇與通姦下，有情男女如何變成偷情男女？可憐的被背叛者在「完成式」終須走向「過去式」時，又是怎樣說莎喲娜啦？你不好奇嗎？

至於花柳消費，除了花天酒地、酒池肉林，在花柳場中走闖的可不只是A級玩咖，文人雅士也有好多種風花雪月，你能想像嗎？人家說「夜路走多了會遇到鬼」，沒有防治的落實，風化場走多了也會中鏢，這本書告訴你老臺灣人們怎麼看待性病，不小心得到性病，他們要去哪裡治療或自療？

必須寫在正文之前的是，限於日治時期原住民與非原住民的分治，我們所討論的偏向於非原住民的臺灣人；在地區上，多少也略偏向大都市。無涉意識形態，只是受限資料。

翻開這本書，歡迎你一起回到純樸的年代，不純情羅曼史。

モダンタイムス：審美学

摩登時代：審美觀

骨感與肉感：傳統漢人審美觀
魔女的條件：美的標準 ◎ 後天美女養成術：髮型與服裝
淡妝濃抹總相宜：化妝 ◎ 看不見的美感：對貞操與學識的要求
型男專屬守則：男性之美

骨感與肉感：傳統漢人審美觀

人家說，纖瘦美女趙飛燕是「美人上馬馬不知」，而富態美人楊玉環則是「美人上馬馬不支」。這個比喻不僅讓人捧腹大笑，也讓我們知道，原來有的時代流行「馬不知」的骨感美，有的時代卻以為「馬不支」的肉感才是美。過去的「魔女」，現在看起來可能是「魔鬼」；反之，亦然，正因為每個時代都有自己的迷人味道。

臺灣的日本時代足足有五十一年之久，那個時代的臺灣人認為「什麼是美」的審美觀，未必和現在的我們相同。

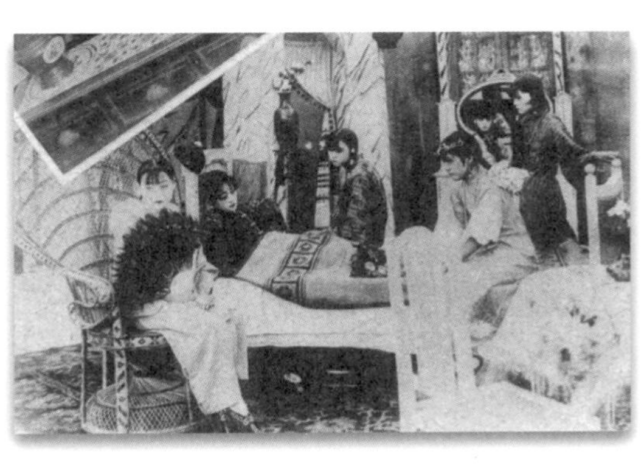

1-01
日治初期的臺灣美人仍偏向長髮、綁小腳、著漢服的傳統形象，並帶有柔弱、憂鬱的內斂氣質。

臺灣傳統文人的審美觀和中國的古典審美觀比較類近。在中國，古人眼中的美女須具備「張麗華髮、卓文君眉、樊素口、小蠻腰」等條件。張麗華、卓文君、樊素都是中國歷史上的美女，據說張麗華髮如潑墨，又黑又亮，光可鑑人；卓文君眉如遠山，面如芙蓉，和司馬相如簡直就是郎才女貌，文采也相當，是中國史上有名的私奔愛情故事；樊素的嘴是櫻桃小口，聲音好聽又長於唱歌。至於我們常說的「小蠻腰」，其實是另一位名叫小蠻的美女的腰。小蠻的腰細如楊柳，人擅舞，線條曼妙，所以「小蠻腰」又稱「楊柳腰」。樊素和小蠻都是唐朝大詩人白居易的家伎，白居易曾為她們寫下「櫻桃樊素口，楊柳小蠻腰」，自此，她們在選美歷史上留下一筆，成為「資深」的「中國小姐」代表。

那我們的「臺灣小姐」呢？

日治初期，臺灣傳統文人的審美觀念還是深受中國審美觀的影響，認為美女的條件就是要長髮、細腰、櫻桃小口，眉色濃淡適中，每個細微之處都必須很講究，絕不是路邊賣菜大嬸般的貨色。

除了面容姣好，美人的身段也得與眾不同，一舉手、一投足都要像一杯好茶，不僅在當下能讓觀者充滿韻味，事後還要能夠「回甘」，讓人感到餘韻無窮。住在新營的某詩人寫下一首描寫美人的詩：「月貌花容楊柳腰，臨風婀娜更含嬌。秋波一轉教人惱，疑是江東大小喬。」讓人好想一覽詩中古典美人的丰姿。

正面以外，美人的背面也要美，「嬌羞斜倚玉闌干。一角烏雲背後蟠。幾度呼他難轉首。為君憔悴怕君看。」詩中這位美人雖是為了詩人憔悴而不願轉身正面相見，然沒打照面反而使得背面更為迷人，與其轉身可能會讓男人退避三舍，還是保持「背面美人」，避免別人「中槍」。

或許是因為過去能夠品評美醜的絕大多數都是男性，相對於女性美的要求百百種，傳統文人較不重視對男性外型的審美條件，也很難找到符合「外型帥氣逼人」的必要標準，相較起來，那時候的男性可說是十分「嚴以待人，寬以律己」。想想頗令人感到氣憤，如果在現在一定被叮到滿頭包，但當時人人都不覺得有什麼不平。

魔女的條件：美的標準

整體而言，日治以前臺灣傳統知識分子的審美觀要求外型與氣質並重，但就外型來說，還是比較偏重五官比例均衡出色的「面部美」，對於臉部特徵的要求也比較多且細膩。但是經過日治時期臺灣知識分子們的鼓吹與呼籲，以及接受新式教育的養成，一九二〇年代臺灣人的審美觀已經和過去講求中國古典美感不盡相同，轉向全身比例整體評價的「全體美」，甚至是健康活潑或伶俐慧黠的氣質美，開始注意到面部之外身體其他部位的細節，以及各部位搭配下來整體協調的美感。

雖然「美」是一種主觀的感受，誰稱得上沉魚落雁、閉月羞花，人人眼中各有千秋，但總能找到一些共通的特質。先從臉部說起吧！民俗學家池田敏雄寫到，艋舺地區的臺灣人有一句俚諺，認為「鯉魚嘴，柳葉眉，瓩仔面」是美女的條件。所謂的「瓩仔面」是指像人偶一般具有工整且大小適中的五官。對艋舺的男人來說，同時具備這三種條件就可稱得算是傾國傾城的美人。不過也有人認為「瓩仔面」的女人面相太無情，主張雞蛋臉才是無可匹敵的美，因此在艋舺就有一種將雞蛋黃塗在出生滿二十四日的嬰孩臉上之習俗，求其將來生得如雞蛋般的美麗容貌。池田敏雄的婚姻是臺灣史上著名的師生戀，他和他擔任公學校教師時，班上的女學生黃鳳姿在日後結為連理，兩人的婚姻成為臺灣史上的佳話。而黃鳳姿，眼睛不算大但有神，嘴型也不大，巧笑倩兮，才氣縱橫，應該可以稱為是池田敏雄所寫的那種，帶有臺灣人美感的女子吧！

1-02
日治時期美人需具備「鯉魚嘴，柳葉眉，瓩仔面」，長度適中的蔥管鼻，還有一雙能勾魂的動人眼眸。

相對於「尪仔面」或雞蛋臉，最不好的是「米篩臉」，其他被認為是醜臉的還有「鴨蛋臉」、「馬臉」等。「米篩臉」是形容女人臉上痘疤多如米篩上的篩孔，「鴨蛋臉」是形容臉太大，而「馬臉」則是嫌人臉長，無論是哪一種，聽在耳裡都令人覺得好尖銳。

往下一點到了眼睛。最美的眼睛是帶笑的雙眸，其次是像龍眼一般的大眼；有些人眼睛雖然不大，但卻像小鳥一般，轉動時透露出聰明伶俐的靈活神態，也讓人愛憐於她的天真無邪。相反地，最不好的是鬥雞眼和紅眼。對明眸的描述，相信這應該是跨時代的不變標準才對，有誰不喜歡帶著笑意的靈動大眼呢？

至於鼻子，挺立修長的蔥管鼻被公認為最美的，但又不能像外國人那樣，那時候的人相信女人的鼻子如果太過挺拔會剋夫。一對眉毛不能太近也不能太遠，耳朵不能一高一低、一大一小，牙齒不僅要整齊還要白皙。仔細想想，把這些條件湊一湊，要不是美女也難啊！

臺灣人心中的美女不能只有外型的美，氣質也要出眾，眉宇之間帶有一種似有若無的淺笑眼神，才能在明眸轉動之時勾人心弦，正所謂「目箭免弓直透射」，秋波流轉間的一個眼神就能讓人腳酸手軟，才是無法言傳之美。

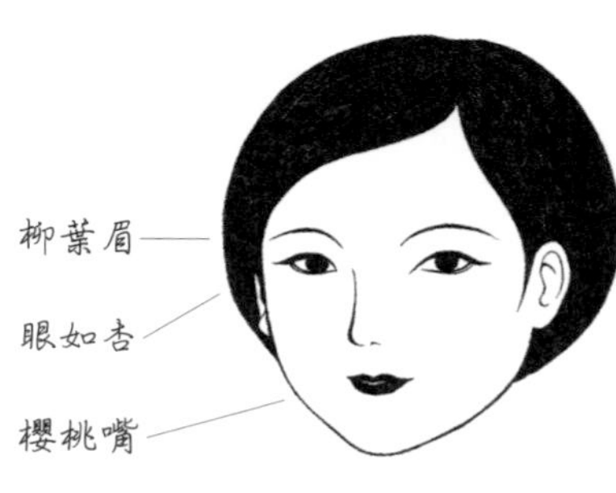

簡單來說，日治時期的美女要身兼外型亮眼與氣質不凡的雙重美感，這種氣質也和以前大門不出，二門不邁的深閨女人不同。日治時期的女人已經走出閨房，漸漸帶有一種健康外向的陽光形象，游泳啦！爬山啦！日本時代的臺灣女人早已駕輕就熟了。

當年生活在臺灣，除了臺灣人外，還有一批日本人，他們的審美觀和臺灣人又不太一樣。一九三二年，在兩位日本男人的一次對談中歸納出「美人」可分為三種，第一種是「家庭的美人」，第二種是「裝飾的美人」，第三種則是「花柳的美人」。「家庭的美人」必須在姿容中閃耀著睿智，粗眉、圓臉，髮型不僅要七三分，還要遮住耳朵，服飾則要華麗中帶有樸素。「裝飾的美人」則是靠化妝技術來吸引異性，衣著則主打流行感十足的洋裝。至於「花柳的美人」，眉毛要呈所謂「三日月形」的上弦月形，眼神中帶有幾分憂鬱，鼻梁長，口型小，穿著和服時，頸部後方的美尤其是重點。這兩個對女人品頭論足的男人還稱，結合這幾種美的日本女人為「妖婦般的美人」。如果是「妖婦」當然嚇人，但是在他們口中被稱作是「妖婦般的美人」，似乎是一種幾近恭維的稱讚，充滿魅惑感。

1-04
花柳的美人，眉呈「三日月形」，鼻梁長、口型小，眼神帶著幾分憂鬱。

一九三五年，艋舺的美人藝伎「秀琴」，容貌生作「臉波暈月，膚雪凝脂，蕙質蘭心，桃唇柳眼」，還能「稍識之無，頗知酹應」，好一朵荳蔻枝頭含苞待放的薄命花，美女總是「割人心肝免用刀」。

這些想法給我們一些啟示：原來男人眼中的美女也是具有功能性的，娶回家的老婆不要野豔，要能持家；漂亮的女人要留在家門外以保持美感。

後天美女養成術：髮型與服裝

日治時期臺灣有這麼一句話：「容貌是戀愛的入口。」但不是人人生來就有美人胚的好福氣，對於不算天生麗質，較相貌平平的女子，可以靠裝扮來後天養成。就髮型與穿著來說，過去曾經時興的烏黑秀髮，到了一九二〇年代以後，俏麗短髮開始引領流行趨勢，摩登女的裝扮是「頭毛烏幼剪短短，身穿洋裝配高鞋」，長髮雖然美麗，但當時的臺灣人已經懂得欣賞短髮的活潑與時尚感。

一頭烏黑亮麗的長髮以前被視為女人最重要的「配件」之一，現在，既然頭髮的長度都能改變了，無變化的直髮就不再是唯一的「髮型」了——如果直髮也算是一種髮型的話。日

1-05
短髮戴帽，著洋裝的女子，充滿時尚感。

1-06
此為「養毛強壯劑」廣告，即強化頭髮用劑。可看出當時女子流行透過燙捲的俏麗短髮，配合洋裝營造健康、活潑的陽光形象。

本時代臺灣的年輕小姐已經知道怎麼用「電頭毛」來營造時尚感。流行也是隨風水輪流轉，幾年前臺灣女孩流行把捲髮拉直的「離子燙」，但是日本時代的摩登小姐們可是特別將一頭直髮燙成捲髮。除了燙髮，染髮也發展出一定的技術，年紀稍長的，為了保持年輕而把白髮染成黑髮已不是新聞了。在一九二〇年代那時候，臺灣知識分子們忙著「變法維新」，鼓勵臺灣文化向上發展，都市中的摩登男女也很忙，忙著「變髮」和「維新」，是個很有朝氣的社會。

以前女人穿著長衫，不僅不強調女性身體的線條美，過度「前凸後翹」的女人反而還要加以遮掩；大戶人家的女子不能隨便拋頭露臉，就算得出門，服裝也偏向保守。但是日治時期流行起洋裝，洋裝布料較輕軟，剪裁合身，花樣變化也多，能夠襯托出女性的身體曲線，受到愛美女性的歡迎。一九四〇年代，臺灣都市街頭穿著洋服的女性相對於穿傳統漢人服飾的女性，在數量上已經取得壓倒性的勝利。長於版畫的日籍畫家立石鐵臣，為了要了解時下女子選擇服裝類型的情形，特別在一九四一年的某日，在艋舺的某十字路口站了十分鐘，默默計算著。在這個充斥著臺灣人的生活地區裡，扣除日本人女性和小孩，八十三個經過他面前的臺灣女性中，有高達五十二位穿著洋服，若是在加上他另外在當時較多日本人活動的榮町（今

1-07
傳統臺灣女子服裝偏向寬大樸素，極力遮掩身體線條。

臺北市衡陽路一帶）所做的統計，穿洋服與穿臺灣衫的女性人數差距更是懸殊，可見當時大多數的臺灣人已經接受並選擇洋服作為他們的日常服裝。我們可別忘了，這時候太平洋戰爭已經開始了，雖然是戰爭時期，臺灣人卻早已活在一個充滿現代風情的摩登時代裡。

歡迎洋服之餘，還要努力走在潮流的前端，了解日本本國，甚至是世界上的時尚趨勢。臺北的「昭和洋服店」幫人製作洋裝，強調他們店裡所做的洋裝款式是「最新流行，體裁優美，調製迅速，特別勉強」，「勉強」在日文中是「讀書、學習」的意思，換句話說，這家洋服店標榜「我們的製裝技術可是特別去學的喲！」

在穿大衫的時代，腿腳是不會、也不能輕易露出來的。但是日治時期的摩登女性流行穿較以前短的裙子，既然短裙流行，腿腳也就會露出來，成為時尚界品評的項目。露出腿腳時，絲襪能夠修飾膚色與線條，故也成為時尚單品之一。一九三〇年代的歌詞中就有「腳腿幼秀半肥瘦，肉色絲襪穿緊緊」這麼一句話，講的就是絲襪流行的現象。

在審美觀還停留在女人綁小腳才是美的時代，大腳看起來就是粗魯，不過日治時期女人已不再綁腳，而改穿高跟鞋。穿上高跟鞋，走起路來自然沒有穿平底鞋那麼穩當，偶爾搖搖晃晃，感覺上和綁小腳有點異曲同工，但還是人道多了。鞋子成為愛美女性的配件選項，大家也都樂得一起上街「搖擺」。

但是，不是每個人都喜歡這樣的改變，特別是男人，好發議論批評這些女人打扮過了頭，花枝招展地看了很「刺目」。有一次，一位男性和他的友人挖苦時下新女性，他說要來為那些「死要學時髦的新婦女」預言一下：要成為將來的新婦女一定要學會踩高蹺，因為高跟鞋未來會「得寸進尺」，越來越高，不先學好踩高蹺將來會跌斷腳骨，得不償失；要成為將來的新婦女現在也要開始練習不怕冷，因為當今是一個流行曲線美的時代，女性無所不用其極地「原形畢露」，將來只恐會赤裸於大庭廣眾之前，冬天一到就會有性命危險，所以要能不怕冷；要成為將來的新婦女一定要少吃飯，因為飯多吃了肚子會突出，破壞曲線美，沒辦法吃飯的話，肚子餓的時候只好多吃外國屁，吃越多越時髦，反正女子穿洋裝也是在學洋鬼子，吃外國屁，沒差。

雖是諷刺女人追趕流行，但這話也未免太酸了一些。不過畢竟這位男子也知道自己是擋不住女人愛美的潮流，只能逞口舌之快，講完長篇大論後還是自嘲，如果讓女人們聽到他的「預言」，肯定會被破口大罵，「不死鬼，拖屎連，殺千刀！」

1-08
廣告中的短髮女孩戴著大帽子，身穿顏色鮮豔的格紋裙裝，腳踩高跟鞋，洋溢著春天的年輕氣息。

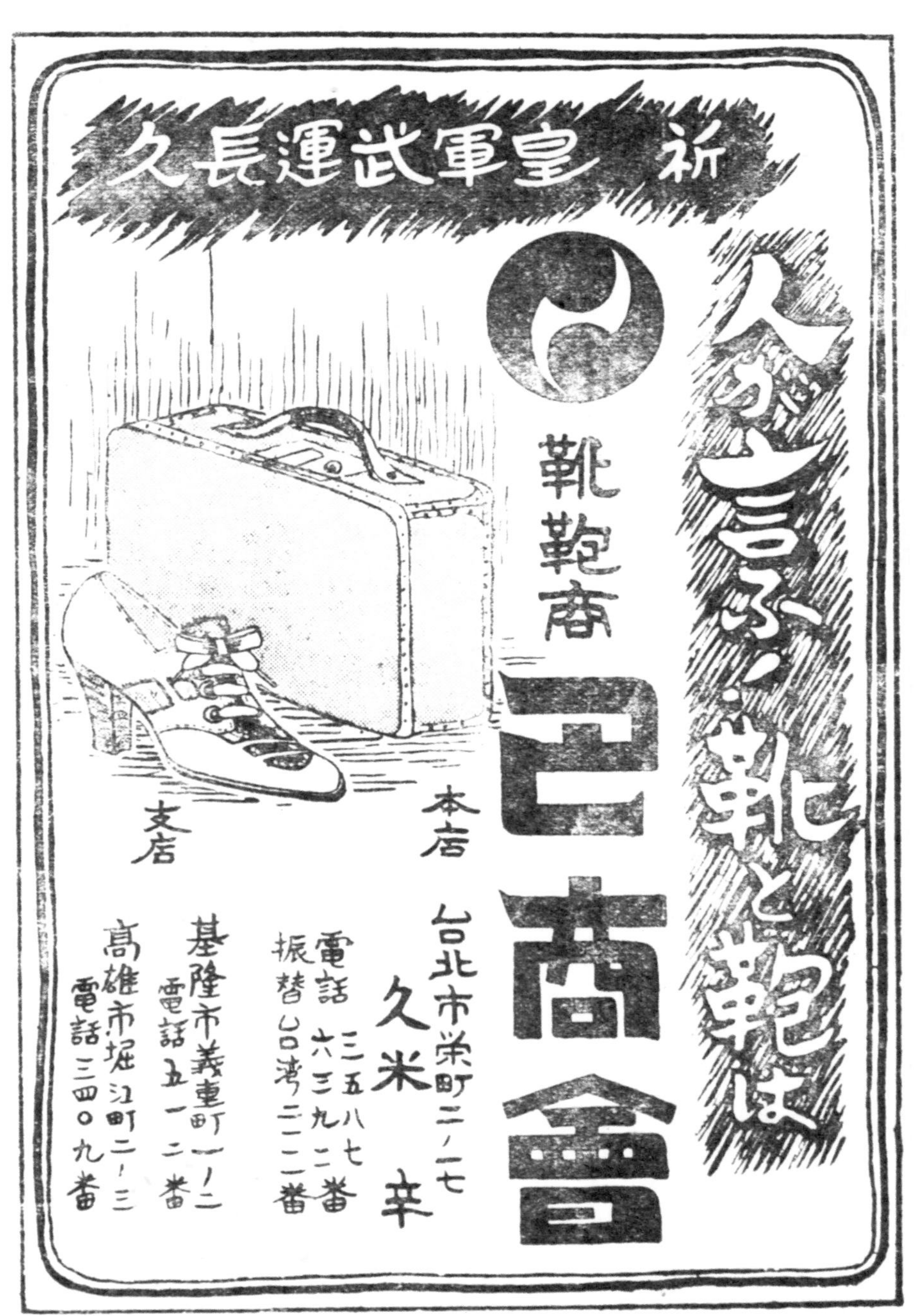

1-09
日治時期販售的皮鞋已有鞋跟，能綁鞋帶，富流行感。

淡妝濃抹總相宜：化妝

所謂「女為悅己者容」，化妝不只是為了賞心悅目，必要的時候，也是另一種「化腐朽為神奇」的技術。古時候女人出嫁時，陪嫁品中少不了「妝奩」一項，所謂「妝奩」，就是古代女子用來放置胭脂等化妝品或首飾的盒子，「妝奩」到後來甚至被用來代稱為新嫁娘的嫁妝，可見對女人來說，化妝品是生活中多麼必需的品項。

日治時期的文人描寫美麗的女子在出門前是這樣的：女子把鏡子放在靠窗的桌子上，化妝盒打開了，拿出一個白色小瓶子，輕輕地扯開它紅色的瓶蓋，把瓶口向手心倒出肉色的香粉，輕輕地向兩頰撲著，對鏡子微微一笑，接著又撲了幾樣化妝品，口紅也染紅了兩片嘴唇。女子化起妝來優雅又細膩，若搭配上合身輕快的洋裝，腳踩皮鞋店的新款高跟鞋，體態婀娜，這就是日治時期的時代新美女，是另一種「亭亭玉立」的新形象。有名的小說家吳漫沙曾說，當時每天到馬路上去待個五分鐘，至少也可以發現十個以上做如此打扮的小姐。翻開當時的流行雜誌，洋裝廣告、皮鞋廣告到處可見，顯然在臺北這樣的摩登都市，吳漫沙說的話可沒誇張。

日治時期女人對化妝的認知已經不是隨意的抹粉點紅即可了事，而是已經將化妝發展成非常精密且精細的技藝，簡直堪稱是一門學問。春、夏、秋、冬等不同氣候的妝扮各有不同，即使是一天當中，早上出門的妝和晚上見人的妝也不能以同樣的手法來處理，寶島臺灣雖然四季如春，還是要嚴格區別，不分不行。例如，夏天日晒強烈，皮膚容易因過度曝晒而產生雀斑或黑斑，為了防止黑斑生成，平時或化妝時就要注意使用化妝水或「雪花膏」，卸妝時也要搭配冷霜使用，在臉上形成保護薄膜，以達到保護皮膚及保持水嫩的功效。

和現代人一樣，當時也十分重視卸妝時的清潔，他們使用「化妝石鹼」來卸妝，「化妝石鹼」就是化妝皂，因為不是一般洗手、洗身用的肥皂，化妝皂在原料和製作過程上更為講究，是質地細緻、經過重重提煉製作而成的皂品。光是從一種肥皂工業，就能精細地分出各種不同用途所使用的造皂技術，就可以了解化妝在當時是如何帶起化妝品界的興盛，連帶起化妝品技術的革命。

其他像是，要用於洗臉時應避免過於用力以免傷害皮膚，以及要用溫水洗臉等的保養方式，日治時期早就有人呼籲。

說到化妝品，日本時代的臺灣女人早已在使用化妝水、乳液、腮紅、口紅、香水。光是化妝水，就有白色、膚色、化妝用和預防青春痘等許多種，連我們現在在藥妝店也買得到的絲瓜水，日本時代不僅在用，在報紙上早已可看見大型的廣告。那時絲瓜水的廣告標榜「從絲瓜中提煉出來的化妝水」，「是絲瓜鬍後水的姊妹品」，對防止皮膚乾燥有奇效。

口紅也不只是單一的紅色而已，而是已經有許多種深淺濃淡不一的選擇。雜誌上曾有一文簡要介紹口紅配色技巧，皮膚白皙的人適合橘色系的口紅，膚色一般者適合粉紅色偏紅的顏色，至於那些膚色比較黑的人，塗偏咖啡色的深色系口紅比較恰當。那篇簡要的作者更用心提醒女性讀者，在使用口紅的時候，別忘了配合自己的膚色選擇適合的口紅顏色，不懂流行的人照他的方法選準沒錯。

抹的粉要搭配服裝顏色，口紅也要搭配粉的顏色，簡直就是環環相扣，非常講究。

愛美是天性，光靠化妝品怎麼夠？坊間流行一些化妝和保養的偏方，例如說用黑砂糖來洗臉可保肌膚光澤。日治時期，黑砂糖的效用很多，在西醫還未全面席捲臺灣時，黑砂糖據傳曾被用來當作是蛔蟲藥，那些腹中有蛔蟲的小孩子如果肚子痛，吃下黑砂糖可以餵飽肚子裡的蛔蟲，肚子也就不會痛了，不過這個方法到底有沒有用令人懷疑。但日治時期流行用黑砂糖洗臉，是因為民眾認為黑砂糖是砂糖類中最原始的糖，包含

1-10（右）
日治時期有的化妝水已標榜能治療或預防青春痘，連被跳蚤、蚊蟲咬到都可搽它來治療，被歸為「美容衛生藥」。
1-11（左）
「化妝石鹼」廣告中的女子長髮微捲、坦肩露背，並綁著頭巾、服裝貼身，線條畢露的展現出曲線美。

許多有機物質，用黑砂糖洗臉可以讓臉部皮膚光滑、有彈性，據說這個偏方在當時的東京一帶相當盛行，特別是在花柳界。

妝到底是要濃妝好？還是淡妝較吸引人？日治時期因為年齡、職業、甚至是個人的審美觀不同，濃妝或淡妝各有擁護者，總歸一句，若是能找到最適合自己的化妝方式，那麼「淡妝濃抹總相宜」。

不過，化妝還是要適度為宜，當時曾有人看到時下女子過度重視化妝，甚至化得過度濃豔，寫下「飾厚貌以欺人，面前恐有照膽之鏡」一句，提醒女人臉妝若化太濃要當心面前的照妖之鏡。那些濃妝豔抹的女性們，可能必須在婚後面對這些擔慮，想必有許多人在完成結婚儀式後，獨自在房中憂慮著如何以真面目「面對」他們新婚的另一半吧？

看不見的美感：對貞操與學識的要求

美則美已，要娶回家的女人，除了先天美和後天妝以外，還必須要有什麼條件？

一九三〇年代，住在臺南學甲的林萬生給了當時的年輕男女一些擇偶的忠告，他說：「親愛的青年們！你們要研究戀愛追求異性嗎？你們要知道戀愛的方法和其中的利害關係。第一

1-12
從日治時期的美容商品也包含指甲保養品，標榜「純植物性美爪料」，天然不傷手的美甲產品已經問世，原來美甲不是現代產物，而是歷史已近百年的美容習慣，日治時期女人對美的追求，連指甲都呵護周到。

要品行端正。第二要有飽滿的精神、活潑的態度。第三要尊重雙方的人格，保守異性的貞操。如果能遵守這三條去愛人，自然會得到異性的青睞，甜蜜戀愛的彼岸，是在你不知不覺的時候就會渡到的。」擇偶的條件包含「品行端正」和「飽滿的精神」可以理解，畢竟誰也不想嫁娶到素行不良的無賴，不過，「尊重雙方的人格，保守異性的貞操」也是品行良好的要件之一，用現在的話來說，就是嚴禁發生婚前性行為了。

日治以前，臺灣社會本來就很忌諱婚前性行為，到了日治時期，婚前性行為不只是「上車」後要不要「補票」的問題而已，即使時代不斷向前邁進，女人在性方面的「矜持」與「堅持」仍然受到社會風氣的重視。未婚即失去貞操的女性，會讓人認為是輕浮隨便，不守道德，在鄉里間會受到街坊議論。一九三〇年代，有位名叫唐金生的皮匠，經友人介紹，結識一位早失怙恃的紗廠女工倪四寶。誰知四寶在認識金生以前，曾和廠內工頭私生一子，金生與四寶雖在結為連理前已經約定由金生收養這個私生子，但到了迎娶當日，四寶以自己是「再醮婦」之身，擔心再拜堂恐得罪神明，因此兩人婚事草草成禮。金生與四寶是生活在二十世紀的一九三〇年代，就連當事人本身也覺得未婚生子是見不得人的事，可見對女性保有貞操的要求是跨越時代的。「女子抱閉關主義，今夕始交通，無非為國民流血。男兒地闢地方針，此番大衝突，莫辜負志士熱腸。」的閨房之樂，要等到洞房花燭夜才能親身感受。

學歷也是女子出身高低的評斷標準之一，一般來說，日治時期受新式教育的臺灣人已經沒有強烈的「女子無才便是德」的封建守舊觀念，能夠讀書識字是件好事。有讀書好過不識字，多少讓人覺得此女有教養，要是家中稍有財力，女孩本身也有能力，能念到高女（高等女學校）以上就再好不過了。這代表女孩受新教育，有新思想，能入得了廚房之外還能出得了廳堂，是走在時代尖端的新女性。

到了一九三〇年代，學校甚至已經成為女子「將來結婚的廣告社」，打出某某名校畢業的學生，在婚姻市場上永遠高居暢銷排行榜，學校簡直變成「新娘學校」。有些家庭將女兒們送入名校只是為了替將來的婚姻鋪路，小說〈新孟母〉裡就寫到，高等學校的女學生們都穿著一樣的制服，過著同樣的學校生活，表面上也許沒有差別，但有一派女學生入學不在取得優異的學業表現，部分資產家的女兒嬌不可一世，連師長都怕她三分。小說中甚至描寫這些「小姐派」的女學生「終日研究時裝，夢想著結婚的美夢，只怕不得早一刻卒業」，雖然這只是少部分的人，但也表現出那時候學校出身確實是雙方談論婚嫁是否門當戶對的評比條件之一。

不過也有人的擇偶條件是反其道而行的，認為娶妻重內在品行，外表則是越醜越好。住在宜蘭利澤簡的張炳臣戲謔式的模仿名作〈陋室銘〉習作了一首〈醜妻銘〉：「女不在嬌。有賢則名。子不在多。有孝則榮。斯是醜妻。惟吾稱情。治家能儉約。料理也純情。意氣最相投。唱隨無逆行。可以寄親友。赴長征。無姦通之亂耳。無鑿壁之汙形。無鹽助齊君。褒姒敗周城。論娶妻。從妍從醜。」原來，娶醜妻還是因為怕戴綠帽！讀完以後，除了讓人再一次覺得這位先生的自私外，讀者一定也想看看，這位先生的太座是不是如同他的「期望」：其醜無比。

外在美是悅目，內在美則是賞心，兩者若能兼具就是賞心悅目的人間極品，像是當年與司馬相如私奔的卓文君，除了外貌出眾外，本身也是才學兼備。被期望的內涵可分成兩種，一種是溫良恭儉讓的傳統女性美德，一種則是精通琴棋書畫的多樣才藝。不過，以前的大家閨秀光是要學習琴棋書畫，一天下來就有忙不完的課表，日治時期的臺灣女人不能只是懂得琴棋書畫，因為職業婦女的產生，女人不再只是纖纖柔弱，反而予人一種獨立自主的堅毅形象，琴棋書畫等才藝的學習也不是養成女子淑德的唯一必要條件，就算是長於琴棋書畫的女子，本

1-13
日治時期已有女子學校教導持家技能。圖為臺北第三高等女學校學生上女紅課的情形。

1-14
日治時期著女性雖然仍穿著傳統漢衫，卻是無論長幼人人均有可堪謀生的技能，圖中女子們正手藝靈活地編織著大甲帽。

身也要具有其他足以謀生的專長。如果不是必須外出討生活的職業婦女，而是要嫁作某個成功男人的另一半，本身亦必須有掌握家務的能力。過去女學校已經開始家政課程，培養女子在嫁為人婦後能夠迅速將裁縫、烹飪等家務操持得得心應手，當然，若是嫁到有錢人家，有下人可以使喚，這些才藝或者無用武之地，但仍是加分的條件之一。

又或者是就特定職業而言，擅長琴棋書畫就是她們生財的工具。總之，社會不再只是著重外貌姿容，對女性內在的才能要求也逐漸形成，光是風花雪月而沒有一項足堪謀生的才藝是不夠的。

型男專屬守則：男性之美

說了半天都在說怎樣的女性是美，幾乎讓人忘了日治時期帥氣男性的外型條件也經歷了一場大革命。日治時期，官方和民間都在力推「斷髮放足」，鼓勵男性剪掉辮子，女性不再纏小腳。經過數年的努力，男人終於開始變「髮」，剪掉髮辮以後，乾淨俐落成為訴求的重點，雖然很多人一開始不習慣頭髮剪掉以後的「腦袋空空感」，也有不少人是忍著心中的家國之痛而「留頭不留髮」，但久而久之也就習慣了，短髮反而成

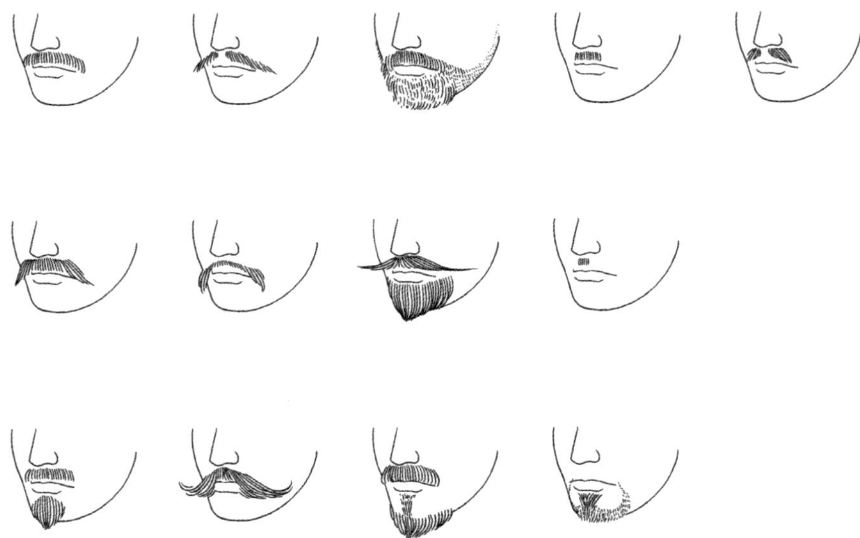

1-15
日治時期的各種鬍型

1-16
陳捷順。
臺灣人較無蓄鬍習慣，除了少數人慣留嘴上鬍之外，只有長者蓄著嘴上與下巴鬍子還算常見。

為常態。短髮的固定是門學問，為了使頭髮長時間維持整齊不亂，髮香油等男性美容用品也應運而生。

至於蓄鬍，因為東方人身材較西方人矮小，蓄鬍能增加威嚴，使人看來莊重，而在日本人間曾經蔚為一時流行，但是不蓄鬍的也大有人在。一般說來，臺灣男性比較沒有蓄鬍的習慣，像日治時期臺灣富商李春生那樣，留一臉像聖誕老公公般的白鬍，在日治時代的臺灣人裡並不多見，當然也稱不上帥不帥了。

至於服裝上的改變，日治時期臺灣男性之間也流行起穿西裝打領帶，一方面行動方便，一方面是受到社會上西化風潮的影響。在日文中，所謂的「洋服」是相對於「和服」而來，「洋服」之於女性是洋裝，之於男性就是西裝了。現在的西裝百百種，絲質亮面都是西裝材質的選擇之一，不過日本時代流行的是質地比較硬的西裝，穿起來感覺人比較挺拔，就算這個男人是腰粗啤酒肚，一套西裝上身也能大大加分。正因為西裝的時興，幫人訂製西裝的西裝師父，成為當時社會上常見的行業之一。

不說你不知，日治時期的臺灣社會常常舉辦選美活動，女性選美不稀奇，日治初期曾有人說，大家從官界人物中選出「七美男」，分別是當時任參事官、多年後擔任臺灣總督的石塚英藏、海軍少佐中山鋋太郎、總督府祕書官大島富士太郎、鐵道界重要人士技師新元鹿之助，還有臺灣水利建設的推手、衛生課技師濱野彌四郎、檢察官淺野三秋，以及後來擔任臺北醫院院長的堀內次雄。

民間也有民間七帥，他們是木下新三郎、大島邦太郎、鮫田盛、田村實、大島次郎、松村虎雄、川奈邊宗一郎。這些當時名盛一時的「官界Ｆ７」或「民間Ｆ７」，用現在的審美角度來看，雖然未必被歸類為帥哥，但他們頭髮剪得短短的，抹油頭、穿西裝、官服或制服，十足俐落的現代形象，也還稱得上是時髦型男吧！

上述這十四個人可能是由日本人投票選出，所以十四帥都是日本人，如果用同樣的標準來看臺灣人，像是醫學博士杜聰明、臺灣先覺者蔣渭水、文學家呂赫若也是帥到沒話說。

話說回來，女性在選擇一個交往對象時，不像男性看待女性時，對內外條件的雙重重視，而是著眼於對方的品行或人格。如果沒有醫生、企業家等社會上被認為是一流或家境富裕的職業，也會希望對方至少能有特殊的專長，畢竟當雙方交往到相當程度要論及婚嫁時，男性為負擔家計的主力，因此有收入穩定、社會地位好的職業就成為主要的考量了。

只是，相較於女性，社會對男性的要求還是比較重職業、

1-17
日治時期鐵道部技師新元鹿之助，整齊的短髮是當時男性常選擇的髮型。

1-18
高雄陳家的陳啟清長得眉清目秀，堪稱是日治時期的臺版型男。

學識和能力，不像女人，必須內外兼備，才稱得上真正的美。

回顧百年來的臺灣社會，以「美」的要求來看，女人實在是太辛苦了。

恋に落ちよう：追求と恋愛

教我如何不「追」他：追求與戀愛

開啟戀愛之門：日治以前的兩性互動
請問芳名：相識與追求 ◎ 教我如何不「追」他：情書
完全約會手冊：約會 ◎ 愛情你我他：三角戀愛 ◎ 謝謝再聯絡：拒絕
美麗的罪惡：殉情

開啟戀愛之門：日治以前的兩性互動

有一天偶然經過臺北市某個路口，看見轉角處懸掛一個婚姻介紹所的帆布大廣告，以介紹「醫師」、「老師」和「律師」為賣點。原以為網路普及了，人人都可以很輕易地從交友平臺認識異性，婚姻介紹所逐漸成為黃昏產業，沒有想到，上聯誼社交朋友的還是大有人在。現代人可能是太忙了或太挑了，原先好像很容易到近乎是本能的交朋友一事反而變得很不簡單了。

2-01
過去傳統社會中男女婚姻主要依賴媒妁之言，父母往往代子女決定婚姻，女人缺乏愛情自主權。

對日治時期的臺灣人來說，認識異性容易嗎？

在日治時期以前，臺灣家庭的婚配方式十分倚賴父母的選擇，能夠決定子女的另一半，往往不是子女本人，而是他們的雙親。孩子到了論及男婚女嫁的年齡時，父母就開始打聽村里之間家世相當或年齡相近的異性，那是個缺乏網路等社交平臺的年代，如果家人的社交圈找不到適合的人選，也會放出消息和條件託人協助打探。有的父母相信小孩子無論在身體或心智上，只要結婚了，就會變成真正的大人，因此子女只要生理發育到一個階段，父母就對他們的婚事積極起來。男生如果成天遊手好閒、沒定性，父母便會在相信「結婚就會定下來」的觀念下催促成婚。那時候所謂的適婚年齡，男生大約是十六歲以上，女性則是十四歲以上，基於父母多傾向早婚，孩子一至青春期，就開始著手媒妁婚事，以現在的角度來看，結婚者根本都還是小孩。

「男主外，女主內」的觀念根深柢固的時候，如果男方家裡是務農之家，娶妻的條件除了要能操持家務外，農忙的時候還要能下得了田才行；但如果家裡是收租之人，向媒人開出來的娶妻條件則是「著揀較秀氣，又著識淡薄仔字，針指攏能曉，性情較溫順乖巧，精神沒三八，正氣無破相，有家教的就好。」靠媒人一雙腳走出來的婚姻，另一半自然很容易是住在離家不遠的某人。此外，臺灣有句俗諺叫「做一回媒人較好食三年清菜。」做得一樁好姻緣，功德比吃三年素更多，可見過去在「促合」遠遠勝於「勸離」的社會背景下，媒人對婚姻是否平順具有一重要性，多少人依靠那張媒人嘴定終身。

這樣依靠父母之命或媒妁之言而組成的婚姻，好與壞好像都是父母的權利或責任，在教育不普及，特別是女子不容易受到良好教育的時代來說，由有婚姻經驗或人生歷練的父母代為決定終身大事，除了是當時社會文化的影響外，似乎也有點道理。只是對自己的大半人生沒有決定權，未免也太可憐了。

不過，到了日治時期，經濟較以往發達，交通較便捷，日漸擴大了民眾的生活圈，隨著女性走出傳統的家庭角色到社會上就業，交友範圍也跟著擴大，加上各種外來的現代文化先後進入臺灣，給年輕男女新的文化刺激，過去「男女授受不親」的兩性互動觀產生改變，愛苗初長的少男少女們試圖掙脫傳統婚配的桎梏，向舊社會爭回掌握自我愛情的主導權。

請問芳名：相識與追求

先有觀念的解放，才有身體的自由。父母一手做主的婚姻契約，不知道阻斷了多少兩情相悅的男女幸福之路，自古兩難

2-02
「揀（檢）茶」中的女性，女工們穿著圍裙，在生產線上包裝紅茶。日治時期臺灣經濟發達，交通漸次便捷，女性就業後經濟能力變強，無形中擴大人們的交友圈與活動範圍。

全的何止「忠」、「孝」而已，當「愛」遇上「孝」，常常也是「盡孝就不能盡愛，盡孝只好禁愛」。一九二〇年代的年輕男女在整個婚姻的「生產流程」中，他們首先掙脫舊思維控制的第一步就是向世人爭取自由戀愛的可能。

戀愛自相遇開始。日治時期的青年男女在生活中接觸異性的機會較他們的父母年輕時要多許多，例如男女雙方可能是學校中年齡相仿的同學或前後輩，也可能是職場上的同事，還有可能是透過朋友介紹的「朋友的朋友」，甚至可能只是在火車、公車上、咖啡館或街頭偶遇的異性，對愛情的憧憬讓他們僅有一面之緣，卻能對對方的身影念念不忘。譬如說，日本時代的大眾文藝雜誌上偶爾也能看到青年讀者寫下某次似有若無的豔遇經驗，與對方的感情簡直如火如荼，但畢竟只是在刊物上訴訴衷曲，最後卻仍是一封連對方姓名都不知道的無緣情書。那時有人說，「『偶然』是戀愛最大的支配者之一。」意思就是，如果沒有那次偶然的相遇，哪來後面海誓山盟的愛情。話雖如此，在日治時期的臺灣，「偶然」的機會還是蠻多的。

有個年輕小夥子到了東京讀書，每天搭一個小時左右的電車上學，手頭拮据的他每天最愛在電車上享受「一個小時的姻緣」。一上電車就先看看有沒有漂亮的女子，如果旁邊坐的是

2-03
一九一〇年代的臺北街頭。街頭人們往來雜沓，並肩疊背，不知有多少青年男女為了街頭偶然相逢的一面之緣念念不忘。

同性或老人，他就隨手翻閱小說；但若能和美女坐在一起，他一定會拿出教科書來「假用功」，以博得對方的好印象，並找機會和對方眉來眼去。他說，一九三〇年代的大都會風景就是「在電車中，只管你釘我，我釘你」。雖然這到底是他的個人行為還是社會的風氣還不得而知，但年輕男子對與異性互動的態度已經如此開放，時代的變化頗令人驚訝。

當然，觀念的改變並非一蹴可幾，媒妁之言還是有的。雖然到底有多少人是奉父母之命結婚的我們並不知道，但這種兩代之間錯綜複雜的價值觀所造成的情愛糾葛，往往是通俗小說中故事主角們情感糾纏的關鍵，而且力爭自由戀愛的男女們本身不是完全沒有情感與道德上的掙扎，對外不僅要面對新舊世代交替時觀念的分歧，對內也要不斷地調和兩套價值觀的碰撞，事實上常常也讓他們處於天人交戰之中。

舉例來說，一九三〇年代的連載小說〈新孟母〉裡，女主角秀慧收到愛慕者馬清德的來信。清德要秀慧千萬不可聽信花言巧語的媒婆之言，服從盲目的婚姻，高等女學校畢業的秀慧雖也不是完全信服媒妁之言，但恐被人說是「壞家貨」、「不良少女」而猶豫不決，最後雖然回了信給清德，但信中強調「本來我是不便回你信的，因為我們臺灣的社會，不許男女青年無端彼此來往書信，我老實冒險而且違背家訓回你這一封信，這亦是我有生以來給男子的第一封信」，最後不忘囑咐：千萬別把這個祕密說出去喲！

就算是支持自由戀愛的男女，也不是毫無底線地主張熱愛。某些堅持仍在，尤其是對「性」的堅守，仍往往被視為檢驗人品與道德的標準。一九四〇年，某位署名「月清」的小姐提到，自己在公學校畢業後到私塾讀漢文，並在私塾那裡認識一位翩翩美少年，她承認她是青春時代的少女，覺得這人忠誠可親，立刻對他產生傾慕之情，男方也積極地奉待她、恭維她，兩人越走越近，如膠似漆。在某個晚上，兩人看完電影、吃完點心後，男方趁著到公園散步的機會向女方求婚，「並要我在這夜允許他的……我一時氣得要哭出來，想不到他是這類無人格的男人！」她氣急敗壞地說，原來這男人是要她「答應他的獸望，毀壞我的貞操」，最後兩人當然是絕交了。沒有結婚以前，一旦哪方要求了性關係，幾乎都會被指責為只有獸性、沒有人性。以前，婚前性行為被貶稱為「野合」，也就是說簡直和動物的交配沒有兩樣，可見過去視對性的堅守與貞操的保全是多麼重要的事了。

反對發生婚前性行為，除了是道德觀念的約束外，依據當時的日本刑法，婦女墮胎是有罪的，如果藥商、醫生或是產婆受人之託，替人進行墮胎手術還要再加重刑罰。此外，在臺

野鴛鴦白晝
在田溝野合

南投街茄苳腳人某甲之女某。年十九。畢業公學後常以新女自居。摽梅之期已過。花晨月夕。每自傷嘆。前年由父母主婚。許字於街之某乙。尚未過門佳期未卜。奈綣不及待。適隣近有獸其人者。年二十五。即與之來往。既有時間。某日當午。乘農夫午休之際。以為野田無人來往。共約於村外之田溝幽合。其事未竟。被同庄人某丙觸見。一對野鴛鴦驚得魂不附體。抱頭鼠竄而去

2-04
一九三二年，報上刊載未婚男女的「野合」報導。在對性的堅守仍在的日治時期臺灣社會，只要是非婚姻關係的男女發生性關係都會被說成是「野合」。

灣，早在一九一二年臺灣總督府就已發布〈臺灣賣藥營業取締規則〉，規定藥品廣告，甚至是藥品包裝上不可有暗示避孕或墮胎之藥效文字，違反者將處以五十圓以下罰金，在當時這可是一筆很大的數目。可以說，墮胎很麻煩，未婚懷孕且必須墮胎更麻煩。

如果說現在的少男少女是從偶像劇或各種堪稱「花系列」般精彩的社會事件中學習愛情的兩性互動，那麼當年不知道有多少荳蔻年華的青年男女從言情小說中摸索戀愛的模式，或是在精神上成就他們在生活中難得實現的小小解放。

除了聽從父母或媒妁，與在精神與身體上完全自主的自由戀愛之外，還有一種模式介於兩者之間，那就是「相親」。「相親」在日文中叫做「見合」，在日治時期，臺灣人又稱因相親認識而結合的婚姻作「會面結婚」。日本時代臺灣的相親風氣是從日本傳來的，一般來說是先由媒人居中斡旋，取得兩家的父兄同意之後，由媒人與兩家親友陪同當事人見面，地點通常選在公園、咖啡店、百貨公司或旅館，見面後若男女主角雙方互動良好，日後可以再視意願進一步交往。不過，那時候也有男方當事人與其家人先到女方家拜訪，裝成一般家庭訪問的樣子，暗中觀察女方的家世、談吐和生活情形。與我們現在所謂的相親類似，其實是讓男女雙方多一種互相認識的管道，

2-05
《臺灣漢藥學》是專門介紹漢藥的藥書，書末附上藥事相關法令與規定，其中〈臺灣賣藥營業取締規則〉第八條即規定藥品不可標示或暗示具有墮胎之藥效。

雖然是「以結婚為前提」來認識、交往，但最後若不來電也未必一定要共結連理，算是調和父母成命的介入與完全自主的自由戀愛的一種相識方式。

教我如何不「追」他：情書

在婚姻市場還大量依賴媒妁之言的年代，戀愛不是婚姻的必要條件，多的是先當夫妻再練習當情人、先成婚後才試圖培養感情的例子。但是到了自由戀愛的時代，愛情幾乎變成結婚的基礎，各種情書變成開啟婚姻大門的第一步，寄出的那一刻，無人不期待愛情的降臨。

很多年前，一齣以徐志摩的愛情故事為底本的連續劇爆紅，連帶使得徐志摩式的戀愛蔚為一時流行，「你拉扯的是我肉做的心啊！」、「我如果沒有愁過妳的愁、沒有思慮過妳的思慮，我就不配說我愛妳。」頓時都成為情書的範本之一，如果這些徐志摩示愛的文句就是當年緊緊扣住女人心弦的動人對白，那麼日治時期的臺灣又是用怎樣的情書深深地打動佳人的心呢？

日治時期男女間的追求大多數都是由男方發動攻勢，雖然也有「鳳求凰」的例子，但是畢竟少數。情書既是求愛之

2-06
郵差在街頭收取郵筒內信件。
自古至今，信件傳遞著人與人之間的情感，情書的魚雁往返也是情侶們必做的功課，幾張薄薄的信紙，乘載著濃重的愛意。

用，內容當然盡可能表現出對對方的好感與欣賞，即使有點誇張，也要厚著臉皮寫出來，總之一切以務求博得對方的好印象為要。一位名叫「達雯」的男子寫給「麗麗」小姐的情書裡寫道：「我一見了你的面，我的神經便好像受了一種劇熱的電流觸著，腦海裡泛起巨熱的波浪！從這一天起，我的腦際便時時浮現著一個活潑、天真的女性麗影，這女性，就是我所愛慕、一見傾心的麗麗女士！我的生活也由之轉變，好像在沙漠中遇著知己，好像在礦山裡發現著無數的寶物，如囚犯得了赦的快樂，……好比你是一罏生命之油，灌入我的整個軀殼。呀！你的魅力多麼偉大呀！治癒了我那難醫的心病，這時我的一毛一血都沉醉在你的笑窩裡，再也不能追回來！可是當那時，我也起了無限的戰慄，恐怖！因恐怕你不接受我的愛，把我嚴詞拒絕，那我是要再深一層去嘗試人生的苦味，單戀的不幸，失戀的悲哀了！」最後再說「祈愛神的箭早點射透我倆的心」。

原來達雯和麗麗是公司的同事，達雯受派到外地出差，離開後寄給女方這封告白信。收到信的女方嬌羞地回了信：「達雯哥！你的信未免把我太過於誇讚，說得太過分了！請你以後不要再說那些吧！」回想起兩人初識時，「我看你那樸素的打扮，和藹溫純的態度，使我在心裡深深地讚嘆，時時要眼角去偷看你，你可掬的笑容，深深地印在我的腦海，從這一剎間，我的神經幾乎全被你占據」，女方就這樣直接且熱情地回應了男方的求愛。一段遠距離的戀愛，她還是要鼓勵天邊的愛人：「假如為一個女人而不忍離開故鄉，終日株守在女人的圈裡，那成什麼二十世紀的新青年呢！況且你對於這個女人的愛終於是失敗的。純潔鞏固的愛，是不怕離別，應該兩個分頭去為職務奮鬥，得到最後的勝利而已，這才是二十世紀的真愛情。」自己也要忍耐：「看我的愛人為職務盡忠，不像那古人的『悔教……覓封侯』的勾當」。從現在使用的情書語言來看，日本時代臺灣男女談戀愛時寫的情書雖然文句有些古怪，文意也有點矛盾不通，但還是可以感受到他們之間熾熱的情愛。不過既已是情書，男方仍然稱呼女方為「麗麗女士」，女方也因兩人尚未論及婚嫁，總不好認定對方為「夫婿」，只好在「悔教夫婿封侯」的時候抽掉中間的兩個字。從這裡也發現，兩人的情書除了充滿對彼此的愛慕之外，還有一種熱情中帶有嬌羞，男女私情中不忘國家大義的趣味感。

寫情書也有要領的，有論者提醒大家，寫情書時要能欲擒故縱，先用極隱約、極婉轉而又不著邊際的口吻，探一探對方的意思，如果對方若無其事則表示時機未到，須再等等。寫情書也不可以總是「勇往直前」，總要適度的拐彎抹角，掌握「進則可攻，退則可守」的地位，才富有冒險性，人家說「情

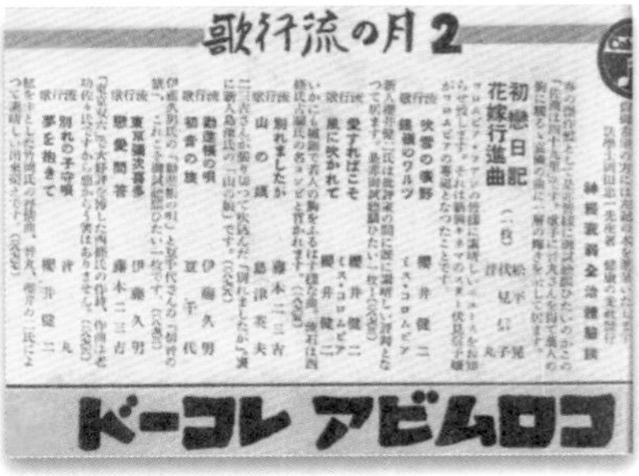

2-07
日治時期臺灣已發行不少與愛情或戀愛相關的流行歌曲。此為一九三〇年代臺灣第一個唱片公司「古倫美亞」所發行的唱片廣告，其中，流行歌的部分包含「戀愛問答」、「正因為愛」（愛すればこそ）等，這種以愛情故事為題材的大眾文化，當時已蔚為流行。

場如戰場」，原來真有幾分道理。

寫情書也別太急躁地表現愛意，用詞更不宜過度誇張，應該力求「水到渠成，最好要順其自然之勢，超之過及，容易引起對方對於自己人格問題上的懷疑，男的被疑為急色，女的被疑為淫賤」，寫情書寫到被誤會是「急色」或「淫賤」，反而讓人唯恐避之不及，都為追求之大忌。

關於情書，還有一個好玩的地方。好友之間如果代遞情書，最怕的是被人惡作劇拆開來看，裡面愛慕的文句盡洩，當時真糗。為了防止情書被偷看，一九二〇年代已經有人發明了「隱墨法」、「鳳頂格」、「三元會」或「璇璣圖」的寫法。「隱墨法」是以稀硫酸寫信，讀信人要以火烤才能現字；「鳳頂格」則是藏頭詩，將每句詩的第一個字結合起來，其內容才是真情意；「三元會」是每句話中取兩字組成情書的寫法；而「璇璣圖」最厲害，整封信靠倒著讀來掩人耳目。還有人以圖畫符號或阿拉伯數字來代替文字，收到整篇數字的情書，得靠默契找對模式才能來解讀，算是心有靈犀一點通的考驗。

完全約會手冊：約會

男女雙方相識後，如果是郎有情妹有意，雙方即開始進行約會，嘗試著深入交往。

日治時期男女約會的初期大多約在室外，一方面是可以作為約會場地的室外場所不少，一方面自然是在社會價值仍然強調貞操的保全下，約在戶外也可以顧及雙方的名譽。至於情侶約會雖無固定的場所，但電影院、劇場、咖啡廳、公園、百貨公司，和神社都是常去的地點。

約會的時候，男生有時會購買化妝品、手帕、絲襪等女用小物送給女方，討其歡心，女方若無意於男方的感情，也可拒絕男方贈送的禮物。兩人在外若有消費，多見男方付費或兩人共攤，較少看到女方付賬。這多少和雙方的心理因素有關，男方付賬可顯得其人大方，女方則可顯得矜持。

也有情侶相約公園見面，等待倩影的男子焦躁不安地坐在公園的長椅上，「隨手掏出一塊手帕，把那椅子揩拭了一回，預備她來時不致嫌齷齪，接著，又吐了一口吐沫，廓清了嘴裡的香菸氣，以便可以和她接吻。」這種欲在情人面前表現出完美形象的心情，只要談過戀愛，你我一定都有過。

一九三七年，通俗期刊《風月報》刊出「摩登生活學講座」專欄，教導男女約會時的注意事項，依照男、女角色不同，給的建議也不一樣，可稱作一九三〇年代的「完全約會手冊」。因為內容實在太有趣了，有些即使是在現代仍然堪用，

2-08（右）
臺北市西門市場「大塚冷藏部」廣告，招牌商品是冰啤酒、冰汽水，還有招牌冰西瓜。賣各式冷飲的飲料店也是男女約會的選擇之一。
2-09（左）
臺北森永製菓喫茶部廣告。
飲料店內氣氛佳，無論是食物、器皿或服務都是一等一，很適合情侶約會，上面寫著「到大稻埕散步時，請務必前來坐坐。」

2-10
喫茶店客人有男有女，有人穿西裝，有人穿和服，也有人穿漢衫，女給們則以和服待客。
多少有情男女在喫茶店中約會談心，好不愜意。

在此將之列出，供你我參考。

【男子之部】

◎切勿詢問女人的芳齡，欲開神祕之門的男子，總是要被咒咀的。（**就算要問，也要將心中預想的答案再減個五到八歲再問。**）

◎在她面前，不可讚美其他女子。理由嗎？女子都深信自己是最美的存在啊。（**如果不小心讚美了，記得接上一句「但她們都不及妳」，可能可以安全過關。**）

◎不要把牛排或炒麵拼個命地塞進你的肚子裡，誰說女子不是浪漫主義者，切勿膽小如兔，一進，再進，三進，這是金言呢。（**由此可知，約會地點選在「吃到飽」餐廳有多可怕。**）

◎不要裝出關心時髦的樣子，更不要跟著她的屁股多看市窗，你是要承受以外的損失啊。（**「時髦」觀察即可，若身體力行，「代價」可不小。**）

◎不必嚴守約會時間，三次中一次須早到，一次不妨遲到些，這對於她的人格陶養為必需的訓練。（**先把理由想好再來進行「陶養對方人格」的課程，否則只上一次就從此「倒課」**

2-11
明治巧克力在日本時代就已風靡臺灣，被稱為適合用來贈人、答禮，可見當時巧克力已經是很常見的禮品。

了。）

◎切勿蔑視巧克力糖的存在，精選餌食是釣魚的第一課也。**（偶爾也送束鮮花吧！鮮花也是同樣的道理。）**

◎不要怕聽女人的彈琴或獨唱，天下一切的事情，快樂的半面必有痛苦呢。**（結婚以後更痛苦的事情都有，連彈琴或獨唱都忍耐不了怎麼行？）**

◎在她之前，切忌打噯或欠伸，你可聽得曾有一位青年，因為常打肉絲麵或蝦仁餛飩的噯氣，終於失了他的愛人嗎？**（別只用打嗝來「爭一口氣」，試試別的辦法吧！）**

◎不可忽視現代流行的小說，最新穎的戀愛用語就是在這裡面。**（說不定你一輩子也沒談戀愛的時候這麼用功過。）**

◎每一時間中，深嘆一、兩口氣是需要的，為丁袋裡空乏的嘆氣，那到不要緊。**（是「嘆氣」，不是打哈欠，須知這兩者的不同。）**

◎講話的聲音不可太低微，小鳥不會驚逃的。**（特別是誇獎對方美貌與妝容的時候，聲音最好大到連隔壁桌的客人都聽得到。）**

◎切勿把頭皮屑留在頭上，即是電影愛人古柏或希佛萊的頭皮屑，也從沒有值過半文錢啊！**（頂上無毛者的一大福音！）**

◎不可輕視月亮和星星的魄力，自從Romeo與Juliet以來，它是戀愛的大背景呢。**（重點是它們還為你熱情演出，終生免費。）**

◎色彩的選擇當加留意，試看黑臉的男子戴了黑帽，穿了黑服時，還成什麼樣子？戀愛決非催眠術也。**（沒錯，一身黃衣也會讓人誤認是海綿寶寶。）**

◎你如果臉色稍黑些，也不用憂慮的，其味……就是……懂嗎？**（黑臉未必只有缺點，至少演張飛或包公不用化妝，對吧？）**

◎不要忘掉問一句，這幾天睡得著嗎？如果她回說，很好睡，那麼當知沒有希望了。**（別太失望，至少她沒說做了惡夢：夢到你。）**

◎不可輕易說到結婚兩字，要知結婚非議論，乃實際問題，不得不忍耐些啊，尤其是……在的時候，對嗎？**（不忍一時，將來就要忍一世了。）**

【女子之部】

◎講話切忌太顯明，美點常發現於迷暗之中，曖昧能美化女性呢。**（不可太顯明的何止講話而已，年齡、三圍、體**

重……）

◎不要貪吃啊，小姐，尤其不可貪吃男朋友。（**特別是後者，當心「吃不了兜著走」。**）

◎你的性格須溫柔中帶剛毅，剛毅中帶溫柔，這才使人敬愛。（**沒錯，有時候，「軟硬兼施」是必要的，例如說要他幫忙做家事的時候。**）

◎NO字的價值，切勿輕視，生為女子，倘若不會善用這字，呀你底前途多麼黯澹啊。（**很多事情若不懂得說「NO」，以後就會說「OH！NO！」了。**）

◎不可忘卻羞恥的魅力，毫不覺羞恥的時候，也假裝著怕羞好了。（**不會假裝的人，記得買本《第一次怕羞就上手》、《怕羞教戰手冊》回家練習看看喔。**）

◎同他以外的男子，不可不常講話，兩馬競賽，比一馬的時候，總能跑得快些（蘇格拉底）。（**說得好，不愧是蘇格拉底的哲言。**）

◎時常要裝出感傷的樣子，但不可過分。（**時不時眼眶泛紅或加上一兩滴清淚，更見奇效。**）

◎不可談及富於現實性的話，例如我有三天不大便了。（**這……這不只是對情人的大忌吧？**）

◎切勿輕視時髦的傾向，狗的毛頭、烏龜競賽，也各有時髦

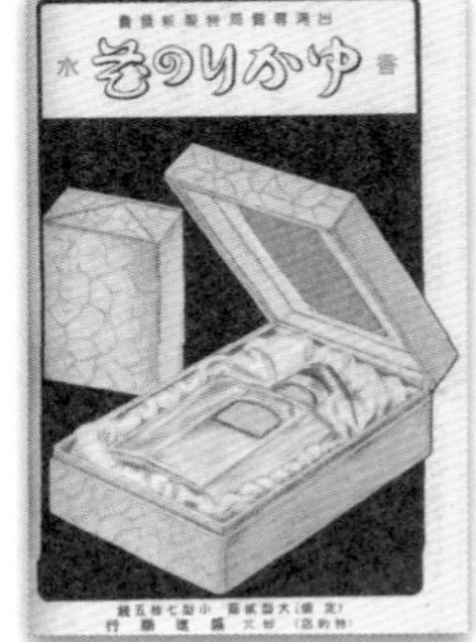

2-12
香水廣告，這是臺灣總督府專賣局製造發售的香水，香水本身為玻璃瓶裝，襯著絨布與外盒包裝，送禮大方，很適合相贈心儀的另一半。

呢。**（「時髦」和「時效」同等重要，切勿追求十年前的流行。）**

◎但不可太重視時髦，因為時髦是常在你前面一步，但絕不會被你捉得住的東西。**（時髦常在你前一步：怪不得已經三步併作兩步了，仍追不上！）**

◎同他在一塊兒的時候，切勿付任何的錢，要知男子們的闊綽，僅限於眼前未婚的時候而已。**（沒讓他付點錢，說不定就便宜哪個女人了。）**

◎接吻時切勿張著眼睛，同太陽下開映電影，有什麼分別呢。小脾氣是要時常發的，可是看了敵方的情勢如何，當立刻變更戰略纔行。**（女男平等，女生也是要有機會好好「陶養對方人格」的，對吧？）**

◎當男人贈送你禮物的時候，須要裝出快樂的態度，無論怎麼裝出開心的樣子，你是決不會吃虧的。**（想想看，對方送的禮物頂多讓你「驚訝」，沒有讓你「驚嚇」，這還不令人開心嗎？）**

◎切忌濫行結婚，買絲襪或手絹的時候，豈不是也要加以相當的選擇嗎？**（這倒是，貨比三家才不吃虧嘛。）**

◎鼻梁上，鼻管下，或在額角上切勿留著汗珠，現在你心中需要考慮和著鎮靜，熱情不必流露到檯面上來的。**（除了汗**

2-13
〈禍福〉是一九三八年在臺上映的愛情電影，情侶如果要約會，像這類扣人心弦的愛情電影應該是不錯的選擇。

珠，其他的固體與液體也別忘了一併清除。）

◎在他之前，不可不時常拍粉和搽臙，要曉得你臉部的缺點，遲早要被他發現的呀，不要說，我肚子痛咧，果真痛苦的時候，也裝著頭痛或別處較好聽些，這是Sense的問題。（結婚以前能補就盡量補吧！最少也能留給對方美好的回憶，結婚後就要以真面目示人了！）

◎對談時，切勿看鐘錶，萬不得已的時候，那麼看完之後應說，還祇不過這些時候？絕對不可說，噯喲，已經到這樣的時候了，理由？那是你應該明白的呀。（萬不得已的時候，試著問問對方要不要再喝點什麼吧？）

約會通常會進行多久才會開始討論結婚因人而異，沒有一定的時間表，通常雙方會在約會的過程中探尋彼此能否共結連理，只要認定良人，雙方家長就會展開一連串提親與結婚等動作，所以原則上約會的行為會一直進行到雙方認知兩人是否適合結婚為止，合則來，不合則散，和現在差不多。

結婚以前，約會是一段試驗與試煉的歷程，考驗雙方的眼光和智慧。一九二八年，屏東潮州女子王淑秀外慧中，知書達禮，到都市讀書時，結識學識背景皆不相上下的秦男與韓男。

兩人皆對王淑傾心，殷勤備至。王淑在與兩人交往之後，一時之間不知如何在兩人之中做一抉擇，剛好生眼疾，便返鄉休養，不久分別寫信給兩男，謊稱眼疾不癒，有失明的危機，秦生接信之後即斷絕聯絡，轉而追求他女，而韓生則來信曰「吾輩愛情，永久不移，不說是你如今盲一目，便是不幸雙目盡盲，愛苗還是滋長不萎。」王淑於是決定與韓生共度終生。

愛情你我他：三角戀愛

一九二九年報載，住在臺中石岡的三十七歲管姓婦人，與同庄四十九歲男子黃清波結下不了緣，後又與四十三歲的張乾發生三角戀。一天，婦人與張乾幽會，被醋勁大發的清波發現後，清波以臺灣刀砍傷兩人。張乾被砍傷頭部，婦人手指也負傷，清波被以殺人未遂的罪名起訴。

一九三〇年，員林的二十四歲戴姓婦人分別與黃某、曹某發生感情。某夜，黃、曹二人在戴女家中相遇，情敵相見分外眼紅，挾恨在東門橋上口角，終至動武，黃某對曹某提出傷害告訴，經調解後和解了事。

上述兩例都是一女劈腿兩男，日治時期當然也有一男劈腿兩女的實例，但或許是社會還是對女人要求「一女不事二

臺灣日日新報　　第一万九

谷崎潤一郎氏夫人が佐藤春夫氏と結婚

久しき戀愛葛藤も解決

夫人は元前橋で名妓だつた

【東京大阪十九日發】文壇の巨星谷崎潤一郎(四五)及び同夫人チヨ(三五)子佐藤春夫(三九)の三氏は十八日連名を以て谷崎チヨ子夫人は佐藤春夫氏と結婚し谷崎氏の長女アユ子さん(一五)はチヨ子夫人につれられて佐藤家の人となるべき旨の

聲明書 を發し各友人知己に送り文壇は勿論各方面に異常なセンセーションを捲き起してゐる。谷崎氏夫人チヨ子さんと佐藤春夫氏とは久しい以前から戀愛關係があり谷崎氏も之に就て苦るしみ續けて來たが去る六月末佐藤氏が阪急沿線岡本に谷崎氏を訪ね意中を明したことから話が進み谷崎氏は佐藤氏の希望を容れ相談の上谷崎氏はチヨ子夫人を

離別し 夫人は改めて佐藤氏と結婚しアユ子さんも母と共に佐藤氏の許に行くことゝなつたものである尚ほ佐藤新夫妻は近く東京の自宅を片附けて岡本の谷崎氏宅に移り谷崎氏は旅に出ることとなつた、岡本の自宅で谷崎氏は語る

チヨは十年間作家つた妻で十女としては缺點はないが僕がこんな性格だから性格的に合はぬ所もありました、六七年前にゴシツプの口の端に上つたこともあつたがその後生活の場所も變つたりしてチヨの氣持もその事を忘れてゐるやうだが今度は佐藤の方から話があつたのです、佐藤の氣心も解つてゐますしチヨの氣持も聞いた上佐藤には子供もないしアユ子も附けてやることにしました僕は當分旅に出ますが佐藤との交際は勿論從前通りです

手切金 を出して前夫人

尚佐藤氏はチヨ子夫人に對する思慕の情を斷ち切れず最近一萬圓の手切金を出して前夫人民子さん(三[illegible])と別れ解決し切れぬ惱みを谷崎氏に訴へたものでチヨ子夫人は以前前橋で初子と名乘つて鳴らした名妓であつた

甲子園野球大會

四對一で廣島商勝つ

對和歌山中戰

【甲子園十九日發】廣島商業對和歌山中學の準決勝戰は十九日午後一時十分より廣島商先攻の下に開始結局四對一にて廣島勝つ同戰三時三十二分スコア左の通り

	一	二	三	四	五	六	七	八	九	
廣商(先)	4	0	0	0	0	0	0	0	0	4
和歌山	0	0	1	0	0	0	0	0	0	1

臺南州教育界

市郡對抗庭球大會

廿四五兩日臺南に擧行

【臺南電話】臺南州教育界の年中行事とさる、州下各市郡對抗教育關係者の庭球大會は夏季休暇中に於る各々の猛烈なる練習の努力を

2-14
這是一九三〇年《臺灣日日新報》刊登關於日本作家佐藤春夫與作家好友谷崎潤一郎夫妻發生三角戀情，這是臺灣人也知道的文壇八卦情事。

夫」，對男人享齊人之福較為寬待，整體而言，要是遇有三角戀情事件，報上還是比較常見兩男相爭一女的爭執或傷害等相關報導。

其實不只是臺灣，名作家佐藤春夫與作家好友谷崎潤一郎及其妻子發生三角戀情是日本文壇的知名情事，谷崎潤一郎的妻子因為佐藤春夫的介入，後來竟然成為佐藤夫人！這件事就是在一九三〇年發生的，臺灣人看報紙也知道這條文壇八卦。

三角戀愛大多屬於感情的不對等關係，一旦醋海生波，很容易將單純的感情事件質變為社會案件。畢竟「戀愛」二字加起來只有兩顆心，擠進三顆心就太擁擠了。

謝謝再聯絡：拒絕

日本時代有人說，「情書上之戀愛話，在局外人觀之，每為之肉麻，但在局中看之，卻認為是沁入心脾之蜜汁。」肉麻歸肉麻，兩情相悅的情書讀起來還是讓人臉紅心跳，但若是收到不喜歡的人的情書，真的是「滿紙荒唐言」，所有的情意看起來都像胡言亂語，讓人起滿身雞皮疙瘩。

古有「我本將心託明月，奈何明月照溝渠」，無論是「郎有情，妹無意」還是「這廂表了情，那廂會錯意」，情海浮沉

2-15
划船談心，郊遊踏青，男女雙方彼此認識後，若是感覺彼此不適合，也未必要勉強交往，謝謝再聯絡，下一個對象也許會更好。

叢錄

▲德國封鎖殉情場

德國巴已利亞首都慕尼克。有十五世紀前造聖馬利禮拜堂。堂頂有塔。高三百二十七尺。自來爲戀愛男女。不得遂志者之自殺所在彼墜落。或縊死者甚多。警局。爲防續有人在彼自殺。已將塔封鎖。不准公衆往游云

2-16
一九二五年，報紙上出現此則報導，說明德國也有不少有情男女殉情自殺的消息。

之間，告白總有失敗的時候。要拒絕他人的情意，「你很好，但我不適合你」幾乎是最為人知的「退件理由」。以前的人，收到情書的時候，如果沒有應允對方的意思，有些人選擇不回信，或是回些無關緊要的事情，算是給個軟釘子。這邊丟出去了幾封信，那邊卻石沉大海，發信者自己大概也知道對方拒絕的意思，只好摸摸鼻子算了，期待另覓有緣人。

在日本時代的小說中不難看到，因為對方是家長屬意的婚配對象而不方便直接拒絕，女方常常是採取避不見面的態度，能拖一天是一天。沒辦法，兩手空空無資源，有點無力對抗舊禮教的壓迫，只好拖延。

不過，現實生活中被拒絕的可不一定是破壞愛侶姻緣的「馬文才」，也有可能是兩情相悅卻不受女方父母歡迎的「梁山伯」，這時候女方可能會親自赴約或寫信來告知對方，自己無法違抗父命等種種苦衷，兩人關係就在這次見面或信件之後告終。

美麗的罪惡：殉情

一九二三年，深坑有位名叫康眾的四十四歲已婚男子，與同庄高家十七歲童養媳陳金葉發生感情，但是男方使君有婦，

女方羅敷有夫，兩人各有嫁娶，無法白首，竟相約以五寸長的士林刀刎頸，共同結束生命，結果男方切斷氣管，命在旦夕，女方傷及喉嚨，生命無虞。

一九三四年，深坑的年輕中藥店主鄭隆玉愛上同庄十八歲的看護婦（護士）張招治，隆玉好不容易取得招治父親的同意，欲娶招治為妻，沒想到雙方因嫁妝、聘金等問題談不攏，婚約既廢，隆玉的母親亦另替隆玉安排對象。相愛的隆玉和招治無法白頭，兩人於是相約臺北市建成町內某旅館，共飲清潔用蘇打水殉情，招治因飲入較多，命喪黃泉，隆玉則毒發後被旅館館主發現，急送博愛醫院治療。據說，送醫後的隆玉在得知招治亡故後，堅不將藥入口，欲隨女方於地下。

以前的殉情，往往有差不多的模式：兩個相愛的人因為父母的反對或社會的壓力而無法在一起，如果又不願對壓力「就範」，殉情變成對外人證明愛情堅貞不移的選項之一，用生命證明愛情。中國有梁山伯與祝英台，西方有羅密歐與茱麗葉，古今多少淒美愛情都是靠殉情成就的。不只在臺灣，一九二〇年代西方也有殉情的風潮，一時殉情者眾，還曾登上臺灣的報紙呢。

還有一種殉情是一方因病或意外先過世，另一方再自殺共赴黃泉。例如一九三九年吳漫沙的連載小說〈花非花〉，男主角陸劍萍和女主角程痕青是高校師生，家貧的劍萍無法阻絕痕青父母為女兒決定的親事，相愛的兩人分隔兩地，劍萍貧病交迫，加上相思成災，最後一命歸西，痕青知道後也自殺相隨。

抵抗傳統禮教壓力的殉情，也許可視為另一種新舊觀念衝突下的結果，醫學博士久保信之說，殉情的人缺乏調和理智與情感的能力，如果是一方強迫另一方一同尋死，還牽涉到法律問題。他進一步提出西方人認為日本人殉情的個案多，顯示日本文化尚淺且文化內部未開。日治時期臺灣人殉情的件數因缺乏完整的統計，對於其消長變化尚不可知，不過殉情看似愛侶共同結束生命，但玉石俱焚，問題的癥結依舊沒有解決，究其內容，其實並不理性，整體而言，殉情稱不上是好的選擇，難怪當時有人說「失戀自殺或殉情，不惟大愚。」

你是否也曾在夜裡為某個身影輾轉反側？看到電影中男女主角深情擁吻，令你怦然心緊？愛情是人類文化中歷久彌新的主題，只要和愛情有關的故事，永遠精采好看。平時再聰明睿智的人，只要遇上愛情，智商和行為能力馬上降低，且一生的潛力都會在短時間內被激發，這就是愛情的魔力。現在媒妁之言少了，對愛情的憧憬與嚮往還是一樣。在愛情中沒有敗犬，不管高矮胖瘦、男女老幼，一墜入愛河都是相同的幸福表情，也正因為這個甜蜜表情，才讓單身者心馳神往，羨慕不已。

一九三〇年代後期情侶的約會行程可能是：

搭乘公車到稍有距離的景點，比如臺北近郊的新店。 < 參加新店神社的祭典，並至附近的廟宇參拜。 < 沿著碧潭河畔散步，走過搖搖晃晃的碧潭吊橋，或划小船。 < 搭乘公車回臺北，共進晚餐。

相約公園見面，在公園散步。 < 到電影院看場電影。 < 電影結束後，到附近的飲料店或咖啡店小坐、聊天。 < 共進晚餐後各自回家。

相約看電影，可以直接約在戲院口。 < 電影結束後在街頭走走，例如公園或廟宇。 < 走累了到飲料店喝杯飲料或吃點心。 < 月色下散步回家，相約下次再見。

相約同遊風景名勝，可能是爬山，或到海邊玩。 < 走累了到附近涼亭休息，或就地野餐。 < 回到都市以後到喫茶店小坐。 < 各自返家。

愛を養おう：デートする場所

愛情培養Ⅲ：約會勝地

花前月下：公園
津津有味：喫茶店、咖啡店 ◎ 相招看電影：劇場、電影院
「神」賜良緣：神社 ◎ 儷影雙雙：其他約會勝地

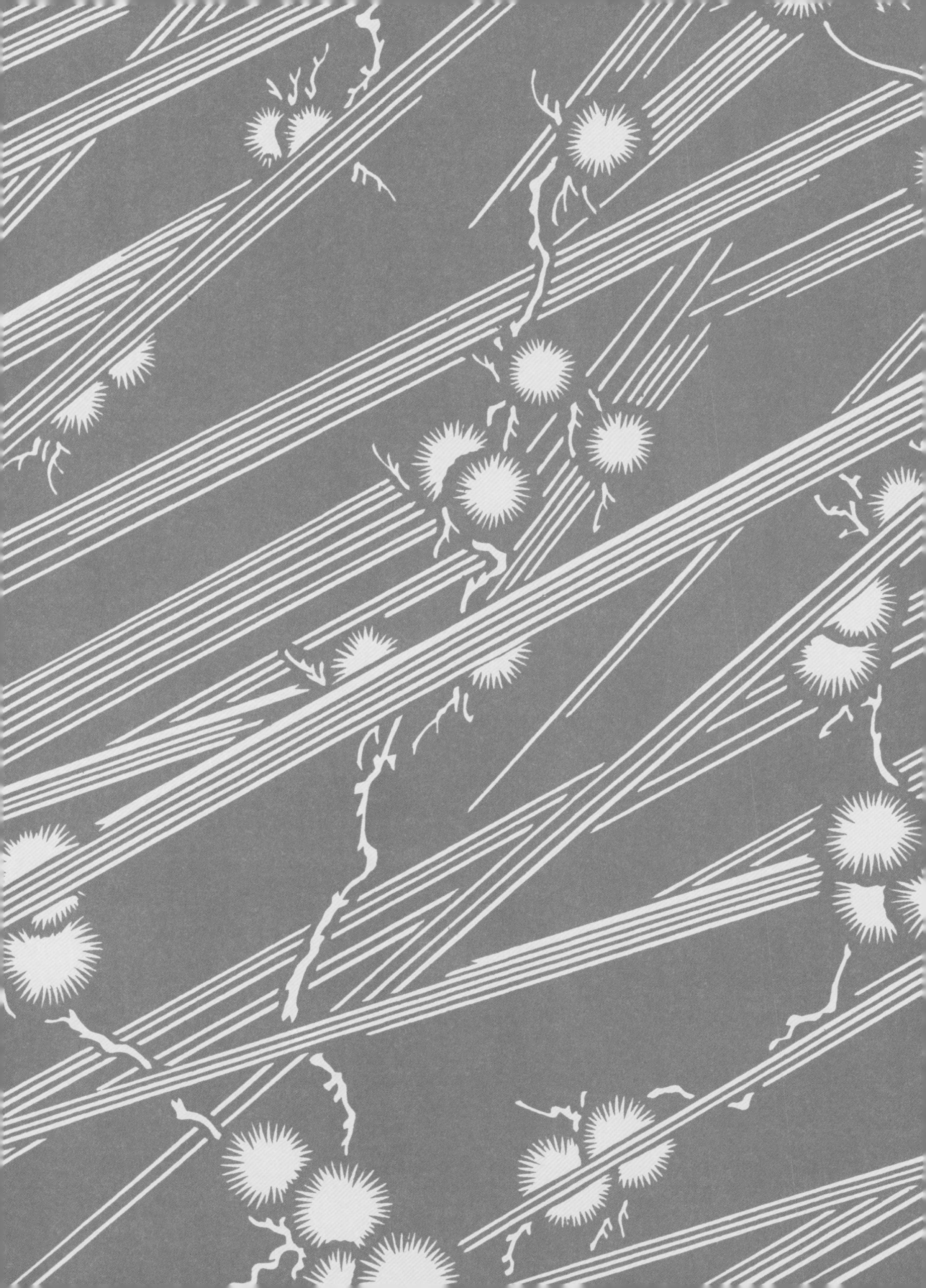

今仔日阿國和慧英袂來約會囉！兩人穿戴整齊後相偕來到電影院，今天放映的電影是「掛名夫妻」，痴情男女們皆爭先恐後一睹為快，今晚阿國和慧英也是特別前來觀覽。看完之後，兩人均十分感動，慧英流了許多眼淚，阿國也幾度紅了眼眶，散戲的電影院熱鬧滾滾，觀客討論著劇情，情侶們人人手牽著手魚貫步出電影院，好不熱鬧。沒想到走出電影院後卻遇到也來看電影的福興！福興是慧英她阿母替她談好的婚配對象，不用說，就如同大家熟知古來的愛情故事一樣，這位福興仔是個成天不學無術、流連於花街柳巷的紈絝子弟。福興看到手牽著手的阿國和慧英，怎麼能忍下這口氣！一時妒火中燒。那頭的阿國看到福興後亦怒目相視，福興上前一邊質問阿國，一邊挑釁地推著阿國的肩，阿國也不甘示弱地扯著福興的領帶，兩個人開始一場激烈的口角！好一個醋海生波——

3-01
露天電影院通常放映很便宜甚至免費的電影，民眾常扶老攜幼前來，日本時代的小說中也有情侶相約看露天電影的約會情節。

這是日治時期小說家阿Q之弟（徐坤泉）的暢銷連載小說，《可愛的仇人》中的一個片段，阿國和慧英是高雄的一對年輕情侶，兩人可說是青梅竹馬，兩情相悅。《可愛的仇人》這樣一部愛情、友情、親情交織的愛情故事，在當時大受閱讀市場的歡迎，連載百餘篇。

阿國和福興仔在電影院前發生爭執，慧英搞不好站在一旁又氣又急，後悔地想著：「如果不來看電影就好了！」說的也是，除了看電影，其實阿國和慧英也可以考慮逛逛街，或是去咖啡廳、飲食店喝喝咖啡，互訴衷曲，也可以相約到近郊踏青、遊覽等，甚至他們可以到附近的公園或神社散散步，說不定就不會遇到「馬文才」福興仔，也不會打壞小倆口約會的好心情了。

打開臺灣約會史，日治時期臺灣人的約會勝地不少，特別是到了一九二〇年代以後，交通或經濟漸次發展，生活機能比起過去完整許多，因為庶民生活的需要，提供民眾休閒娛樂的設施或空間陸續被構築起來，尤其是經濟發展更為蓬勃的都市，相較於以前，情侶約會不僅較為自由，可選擇的場地也多了許多。

3-02
隨著交通、經濟等條件成熟，日治中期以後臺灣觀光產業起步，不少位於都市近郊的旅遊地很快成為民眾旅遊的熱門地點。例如草山、北投是日治時期臺北近郊可供一日往返的知名溫泉休憩地。

清代的臺灣，沒有公園的規劃，如果有類似公園功能的空間，多半也是超級有錢的大戶人家之專屬庭院，閒人勿進。一八九五年歸入日本統治的臺灣，恰逢日本人學習西方改造市區規劃的時候，加上臺灣氣候炎熱潮溼，都市人口不斷增加，需要一個空間作為短暫調節擁擠人群的出口，同時在都市中製造「人造的自然」，好讓住民就近親近，於是早在一八九六年，臺北縣知事橋口文藏就向當時的總督樺山資紀建議改建公園，沒多久就在臺北圓山出現了臺灣第一個近代公園：「圓山公園」，圓山公園對外開放的時候，臺灣各地抵抗日本接收的武裝勢力尚且和日本軍打得十分「火熱」。繼圓山公園以後，像是高雄鼓山公園、彰化公園、北投公園，在接下來的幾年便陸陸續續地誕生了，從此以後，想要接近綠意又不想跑遠的人就不怕沒地方去了！

後來公園幾乎是跟著鐵路興建的，因為公園兼具有美化環境的功能，當時許多車站的出口或附近都可以看得到公園，這些公園多半都成為當地的地標之一，如嘉義公園、臺南公園、臺中公園等。其中臺中公園為了配合一九〇八年臺灣縱貫鐵路的全通典禮在此舉行，還在湖中蓋了「湖心亭」，湖心亭直到

3-03
日治時期以前臺灣缺乏公園規劃，只有有錢人家才有財力與土地建造庭園造景，提供私人遊賞休憩之用。圖為板橋林家庭園，園中不僅有拱橋、假山、涼亭，還有大到可在其上划船的池塘。

3-04
臺中公園是都市計劃下而建造，提供民眾休憩之處，也是情侶約會散步的好去處，一九〇八年縱貫鐵路全通典禮也在這裡舉行，公園內的湖心亭已是臺中的象徵地標之一。

現在仍是所有臺中人心中永遠的象徵。翻翻臺中的老照片，不管是日治時期或戰後的臺中，有好多張都是情侶雙雙對對地在臺中公園湖中划船，男生划船，女生賞景，面對面而坐，害羞中帶有甜蜜，真是好不愜意。

總之，公園蓋好以後，臺灣人對它的接受度很高，很快就覺得這裡真是一個約會的好地方，一來公園不僅位在交通便利之處，二來不用花錢或受限於開放時間，到公園約會可以說是一舉數得。雖然公園的「自然」環境是刻意營造的，一點也不自然，但這種「人造的浪漫」也還算清幽、安靜，適合談心，互訴衷曲，情侶要約會，公園自然就是首選了。當時的小說〈南島之春〉裡提到，在公園、河畔、山端、海濱，都可見到「雙雙攜手的情人，徜徉於大自然的風光裡，並肩同坐，娓娓密語，談心言情，擁抱接吻，陶醉密境，樂而忘返。」翻讀日治時期的通俗小說，經過統計，在情侶們最常約會的地點排行榜上，公園高居榜首，結合這麼多便宜又大碗的優點，也算是當之無愧。

「滿園花木醉春煙，邁步葳蕤人欲仙。最是吟懷瀟灑處，池邊坐看碧波天。」這是一九二五年有位名叫李遂初的詩人在遊歷彰化公園之後寫下的詩句。公園風景有多好？以圓山公園來說，總督府翻譯官的小林里平形容它鄰近基隆河，林木蒼

3-05
離臺北市中心不遠的新店碧潭早在日本時代就是划船娛樂的好地點，交通方便，年輕情侶來這裡划船踏青，可當日來回，消磨一天美好時光。

鬱，幅員廣闊，隔溪與臺灣神社相對，還可遠眺大屯、觀音諸山，因為地勢稍微隆起，站在這裡，轉個身可以看到一大片臺北平原，風光明媚。看到這樣的公園景色，別說是情侶了，就連你也一定想去走走。

打開日本時代的都市地圖，你會發現有時候公園不只是公園，都市中比較大的公園裡面有時候存在其他的建築物或館舍，最有名的大概就是現在臺北市二二八和平紀念公園裡面的「臺灣博物館」。這個大公園以前稱為「新公園」，完工於一九〇八年，之所以叫「『新』公園」，是因為還有一個早它十年落成的舊公園：「圓山公園」；而臺灣博物館，在日本時代稱為「兒玉總督後藤民政長官紀念館」，綠色的大圓頂是其建築特色，公園裡還有音樂堂，不定時舉辦音樂表演。

除了新公園以外，剛剛提到的臺中公園有可以划船的湖，以及經典地標湖心亭。臺南公園裡有商品陳列館，各地的公園也常常舉辦園遊會等展示活動、露天電影放映等各種不定期的活動。原來逛公園還有這麼多「附加價值」，怪不得大家都喜歡去。

說來說去，公園景色到底有多美？「山近公園景真美，到處春花密密開，勝景引得遊人醉，心醉美花醉不歸。移步上山丘，滿園春色盡入眼界的範圍，園中紅豔宛然醉酒的貴妃。含

3-06
新公園內的臺灣博物館在日治時期是「兒玉總督後藤民政長官紀念館」，也是臺灣總督府博物館，這裡常有官方舉辦的展覽活動，例如照片為始政三十周年記念博覽會。到新公園一遊，還能欣賞音樂、逛博物館或參觀展覽活動，一舉數得。

3-07
屏東公園一景。
近代有計畫建造的公園常具備小橋、流水，雖是人造的「自然」，但風景秀麗，照片中可見遊人在此留影，好不愜意。

羞楊柳條條垂，向著未開花蕊無言相對，惱人春色害我天天食不肥。」就是讓人廢寢忘食的美。

情侶來到公園約會，在美景之中甜蜜的行為似乎比在街頭大膽許多，以前小說中描寫公園的場景，情侶牽手實在是稀鬆平常的事，連擁抱接吻都時有所見。如果是在晚上，尺度更開。一九三五年，一位名叫田中金太郎的日本人講了一個，從友人那裡所聽到的一對臺灣愛侶在公園約會的情事。花前月下，有一個十七、八歲「幼枝骨」的少女，坐在新公園的涼椅上，看著往來的遊客，彷彿在等著誰。約莫等了一個小時，一位少年家果然匆匆忙忙趕來，等候多時的女方，這時表情由焦急轉為既愛又氣，瞟著這位遲到的愛人。

「等很久了嗎？」少年說。

「說久也不算久，說不久也久。」女孩嬌羞地說。

少年滿是抱歉：「對不起，下次補償你。」

女方顯然不想輕易原諒情郎：「道歉就行啦？你得讓我定罪才行。」好甜蜜的責備。

「定罪沒有問題，但請原諒我，別定我死罪就好。你要定我公刑（公訴）或私刑？」

「沒辦法定你公刑，再怎麼說也是私刑。」

女生甜蜜地向男朋友撒嬌，男生也不甘示弱地幸福回應：

「說要定私刑你也沒辦法。那你什麼時候要執行呢？」

「另找時間真麻煩，就現在吧！」

「如果要被處罰的話，也要被你處罰呢！」你一言我一語，打情罵俏的兩人越打越火熱了。

「好啦，那你坐過來一點嘛！」

接下來，男女雙方益加大膽，月光之下兩人身影交纏，情話綿綿，男的說，「我來的時候想著想和你表白的情話，和你一相見，一些話都不知道飛到哪裡去了，這是因為我愛著你、迷戀著你的關係」，哄得女生心花朵朵開：「說得這麼好聽，不可『有嘴無心肝』喔！」

「當然是真的，不然怎麼會坐過來？」男生忙著解釋。夜裡的公園，愛侶們海誓山盟，女方愛嬌地說，「往後的事情，你變什麼『齣頭』（花樣），是不是真心的，就讓眾人評斷就是了。」

接下來的情節更加火熱，限於尺度還請大家自行想像。只能說：在情人約會的公園，黑夜和白天一樣精彩。

3-08
宜蘭公園。
日治時期，位於東部的宜蘭等地也築有近代公園、池塘、綠樹等造景，是情侶們約會的好去處。

津津有味：喫茶店、咖啡店

日本時代，咖啡店叫做「カフェー」，或寫作「珈琲店」、「珈琲館」；而喫茶店在最初是專賣茶品的店家，頂多配合茶品的銷售也賣些羊羹等茶點，但是後來賣起咖啡了。一九三七年臺灣婦人社邀集喫茶店經營者討論喫茶店的經營方向時，業者提到純粹只賣茶品和茶點的喫茶店，在臺北只剩下「高砂ホール」和「ヒカル食堂」兩家，到後來，喫茶店的餐單幾乎和咖啡店相同。在今天，查找字典《大辭林》就會發現，喫茶店的解釋是「提供咖啡、紅茶等飲料，以及甜食等輕食的飲食店」，和咖啡店幾乎相同。不過，咖啡店有兩種路線，一種是純粹喝咖啡的清純路線，這裡所指的情侶約會之咖啡店，就是指這一種。另一種是有女給陪喝咖啡的粉味路線。如果是走清純路線的咖啡店，性質和喫茶店相似，但整體而言消費較喫茶店來得昂貴，氣氛感覺上也比較洋風、高級，嚴格來說，兩者之間還是有些許差別的。

臺灣的咖啡豆因為主要仰賴國外進口，日治時期咖啡的價格昂貴，一直是民眾生活中的奢侈品，一般人平常也難得上一次咖啡廳。此外，也因為一般人沒有那麼多財力，可以天天上咖啡廳，故戀人約會時若選擇咖啡廳，不僅是燈光美、氣氛

3-09
日治時期已有咖啡廳採用洋式吊燈及窗簾，並有店鋪以熱帶植栽營造南國風情。

佳，昂貴的消費反而能夠表現慎重的心情，手頭較緊的時候，還是可以到價位比較平易近人的喫茶店換一段戀人絮語。

咖啡店的摩登性格不只是情人們了解，當時臺灣社會幾乎人人對它懷抱著「洋派又高級」的印象。日治時期臺灣曾經舉辦過多場博覽會、共進會等展示活動，宣傳新政府的執政成績，不少博覽會的會場休憩所都設有咖啡店或喫茶店攤位，向遊客提供飲料服務。對臺灣人來說，因為隨手可得，許多人對到咖啡店或喫茶店消費並不會感到陌生。

一九二五年，某人從《上海新聞》中讀到，中國的觀光團下個月即將來臺灣視察，這位熱心的臺灣人說，要將印好的「案內書」（導覽手冊）分送給他們，帶他們四處去走走，等到中午「水螺」（又稱「電螺」，日文為「正午自鳴器」）。日治時期每到正午即鳴水螺以宣告時間）響起，再「做陣來去公園角仔，彼間珈琲店，食一下珈琲茶配鷄卵羔」。有朋自遠方來，作東咖啡廳，喝咖啡配蛋糕，既體面又時髦。

一九三〇年代後期，各大都會中咖啡店或喫茶店已經四處林立。臺南有愛生堂喫茶部，高雄也有，臺北更是不勝枚舉。這些咖啡店或喫茶店積極營造異國情調或南國風情，如臺北榮町的百貨公司「菊元」，對面有一家「太平洋」喫茶店，裝潢走的是美國風，電唱機流洩出來的幾乎都是爵士音樂，開業之

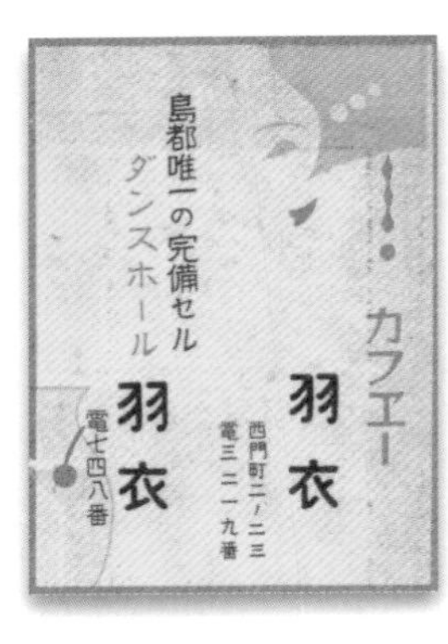

3-10
「羽衣咖啡館」（羽衣カフェー）廣告，羽衣咖啡館還設有跳舞場，除了提供飲食服務外，聽音樂、跳舞也是部分咖啡館招徠顧客的賣點，充滿摩登的歡愉氣氛。

後深受女性顧客歡迎。新公園附近的「羅甸區」同樣也是主打異國情調，而「紫煙莊」中裝飾的法國人偶則充滿魅惑的迷人表情，「コロムビア」（古倫美亞）雖然也不錯，只可惜位於地下室，位置不好，知道的人不多。至於臺灣人出入的太平町，最有名的首推「ポレロ」（波麗路），擴張改建後時常客滿。其他像是「松竹」、「森永」也都位於大稻埕一帶，「明治製菓」則因為它的甜點而有名。

在咖啡店不只喝得到咖啡，還可以喝到紅茶、碳酸汽水、可爾必思等清涼飲料，而喫茶店也不只能吃羊羹，冰淇淋、蜜豆、冰西瓜這些水果甜食也有，甚至有像波麗路這樣供應三明治或餐食的例子，結合「餐」、「飲」的約會空間，在逛街逛累了、電影散場後，花點錢就可以坐下來談談心，和心上人一起喝汽水、吃甜品，真是吃在嘴裡，甜在心裡。

在炎熱的南國夏夜裡，走進喫茶店，坐在明亮且涼爽的店室，從吸管中啜飲冰涼的飲料，真是人生的一大享受！夏夜裡的喫茶店總是客滿，商業繁盛。有人說「喫茶店是安定精神的慰安所與社交場」，確實是如此。這樣的好地方，當然也是情侶約會的勝地，不過在一九三五年曾有某位熱心人士建議，男女如果到咖啡店或喫茶店約會時，臨到付帳的時候，若兩人不是夫妻而女方搶著付賬，可是會讓男方覺得難為情。因此他提

3-11
臺南富屋（トミヤ）喫茶店。雖是日式建築，但招牌上的咖啡杯仍流露出現代感，門口還寫有冰淇淋等甜品供應。

醒大家，「關於這點，有情人的男女請特別注意。」

話說阿國和慧英看完電影後巧遇福興仔，三人一陣拉扯爭吵之後，阿國拉著慧英的手跳上乘合自動車（公車）忿忿離開，福興仔咬牙切齒地看著雙人的背影，既妒且恨，一個人走進附近的咖啡館飲酒解恨，對女給發洩憤慨之氣，喝得一場大醉之後，像山豬一樣亂衝亂撞地回家——

等一下！到咖啡館買醉？對女給發洩憤慨之氣？咖啡館不是品嘗咖啡的高級場所嗎？

沒有錯，這就是剛剛所說的另一種「粉味」路線。像福興仔這樣喝得爛醉的男人，在那個時代的街頭應該不難見到。咖啡店既是服務業，有年輕貌美「女給」（女侍）端茶送水也很容易理解，畢竟誰都希望到咖啡店消費能夠換來一段賞心悅目的經驗。不過，很快地在咖啡店就出現了「醉翁之意不在酒」的現象，喝咖啡是其次，到咖啡店看年輕小姐才是某些男人消費的目的。當時曾有記者向他的讀者介紹咖啡店時，重點不在評比各咖啡店的裝潢擺設或餐點飲料，而是詳細介紹每家店的女給容貌體態、溫軟細語和貼心服務。後來，有年輕女給陪酒幾乎是咖啡店的特徵之一，官方在管理花柳界的時候，這些咖啡店的女給也在管理之列，不僅經營者必須取得合法的執照才能執業，女給也要領有「鑑札」（營業許可證）才能提供服務。咖啡店開始給人一種「男人遊興場」的色情印象，雖然也有標榜燈光美、氣氛佳且「歡迎太太」（奧樣歡迎）的咖啡店，但是走「歡迎人家老公」的情色路線咖啡店幾乎已是日治時期咖啡店的大宗，每次有咖啡店見報，絕大多數都是將之視為風化業，大加討論其管理問題，不然就是某某人又為了女給和其他男人大打出手，雙雙掛彩進了警局。一九三五年，總督府鑛務課的某技師「平常乖得跟貓一樣」，這天不知道被什麼風掃到，到咖啡店喝酒不僅和隔桌的食客吵架，還打了女給好幾巴掌，店家制止不成只好報警，這位糗態百出的技師被關到南署之後還大吵大鬧地喊著：「你們為什麼把我關在這裡？你們知道我是誰嗎？我可是總督府的三等官技師○○○喔！讓我『叫醒』你們這些南署的職員！」當年不知道多少男人像這位技師一樣在咖啡店喝到爛醉，不得不在警局的拘留室過夜。

不過，情侶約會自然是不會選擇這種「情色咖啡館」，這類花柳消費，後頭將有更詳細的介紹。

相招看電影：劇場、電影院

電影誕生在十九世紀的最後期，傳入臺灣時，臺灣已經被日本所統治，一開始稱為「活動寫真」（活寫），顧名思義指把一堆照片快速抽換的概念，後來改名為「ギネマ」，有人把它寫成「鬼根魔」，「鬼根魔」的發音剛好就是「ギネマ」。「鬼根魔」初看很突兀，但指從大銀幕就可以看到各地的各種人事物活動，或許也有點像是進入「鬼跟魔」般的奇幻境界。最後定名為「映畫」，也就是現在所使用的日文寫法。

臺灣最初沒有專門放映電影的場所，要放電影只能選擇在日本戲劇演出的劇場，或是選擇在夜裡露天播放，直到大家對電影的接受度高了，漸漸把它視為一種休閒娛樂，市場打開了，各地便開始建築專門放電影的場所，放映設備也越來越高級，到後來最新穎的電影院裡不僅男女廁所分用，放映廳裡也有冷氣，並且在放映時全面禁菸。電影院使用的坐椅隨著空間的改建或新建，自日本人習慣的榻榻米到臺灣人使用的條凳，最後變成一人一席的單人座椅，設計的考量越來越人性化。

空間進步了，電影製作的技術也與時俱進，臺灣人不僅自己拍自己的電影，一九三七年甚至拍出臺灣人自製的第一部有聲電影「望春風」，電影主角不再依賴現場配音，而是自己發聲，臨場感大增。

阿國和慧英約會時到電影院看電影，會遇上福興仔是因為福興仔剛好也去了同一家電影院，如果阿國和慧英選擇了其他的電影院，或是福興仔遇上電影票賣完改看別場，也不會一

3-12
臺中地區電影院「臺中座」的廣告。電影院外表華麗堂皇，內部設有隔音裝置、冷氣、迴轉椅子等設備，並為耐火建築，十分新穎。

3-13
電影院「國際館」的開幕廣告，標榜其為「理想的最高級映畫館」，廣告本身也以小丑表現歡樂的氣氛，充分說明電影院作為休閒空間的功能。

3-14
「去電影院看電影」是日本時代很多人的約會經驗，情侶相偕坐在長椅上，眼睛雖瞪著前方的大螢幕，心裡卻忐忑不安地猛跳。

時冤家路窄。根據統計，一九四一年全臺灣在放映電影的戲院有上百家之多，不只位於臺北、新竹、臺中、臺南、高雄等西半部的大都市，就連東臺灣的花蓮、臺東，以及離島的澎湖馬公，也都有戲院在放映。青年男女如果要約會，只要到地方上比較繁榮的市中心，選擇還是蠻多的。

現在電影宣傳手法之一的試映會，在日本時代就看得到，報紙上亦有固定的空間刊載電影院當期放映之電影，配上簡單的文字解說和圖片，算是主要的電影宣傳方式。有時電影會稱其為「文部省」或經由某某單位推薦，或是曾經得過奧斯卡獎等獎項加持，雖然圖片以黑白的居多，還是可以吸引觀眾。要買票的時候，除了日本片，民眾也可以選擇看美國或其他國家來的電影，戰爭片、愛情片、神怪片、冒險片、日本時代劇、臺語電影，各式各樣任君選擇。情侶約會時，沒有一定要看哪一種類型的電影，不過既然是約會，可以讓女方哭得死去活來的愛情劇還是比鬼片或戰爭片來得適合許多。

說到日本時代上映的愛情電影，不得不提文學作品改編電影的現象，日本時代臺灣常常可以看得到日本文學作品改編而成的電影，例如日本作家德富蘆花（德富蘇峰之弟）的愛情小說《不如歸》，在一九三五年改編成電影上映，男女主角分別是林長二郎和川崎弘子。《金色夜叉》是尾崎紅葉在《讀賣新聞》上連載的小說，男女主角貫一和鴨澤宮是一對戀人，但阿宮被金錢財富迷惑而琵琶別抱，背棄貫一另嫁富家子富山。可憐的貫一決定展開一連串的復仇，可惜連載還沒結束尾崎紅葉就一命嗚呼，但男性復仇的這個主題絲毫沒有因此結束，依然高潮迭起、扣人心弦，《金色夜叉》多次改編成舞臺劇或電影演出，戰後臺灣也曾拍攝過。

一九三八年上映的《愛染桂》是由當時的同名連載小說改編成電影，故事描述津村醫院的貧苦護士和枝與院長富家子浩三相戀，礙於和枝已婚、浩三父母反對、兩人貧富差距過大的家世背景，即使心心相繫卻無法共結連理，經過幾番波折，最終得到眾人的祝福。一場愛情悲喜劇《愛染桂》上映之後轟動一時，大大撼動多少人心，賺了多少觀眾的熱淚。許多年紀較大的長輩提起它，都會興奮地說：「沒錯！沒錯！小時候我媽媽帶我去看過！我媽媽還哭了……。」眼神發著光。

在日本時代的臺灣，不僅要看場電影非難事，甚至已經有晚場電影，時間大約是在晚飯時間之後。情侶們如果相約晚場電影，散戲後在月光下散步返家，也挺詩情畫意。《可愛的仇人》中的萍兒就是提早吃過晚飯後來到麗茹家，因為這個星期六的晚上，他們約束要到XX戲院看電影。萍兒和麗茹入場的

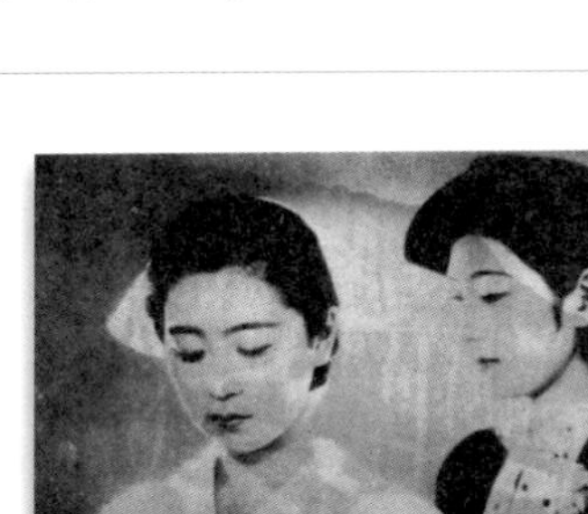

3-15
《愛染桂》的電影劇照。這是日治時期十分賣座的愛情電影之一，上映後轟動一時，多次重拍依然受民眾歡迎。

時候已經滿座，兩人「在那黑暗的當中，手緊拉著手，隨著女招待行於觀眾的左右」，最後到了一個極其局促的座位坐下。這次電影連映兩場，後場放映的正是《金色夜叉》，麗茹看到貫一和阿宮分手時，「不覺為貫一灑了無數的清淚，同時亦恨阿宮不該為金錢所迷惑，而嫁給罪惡資家的富山」，最後她真的哭了起來，緊拉著萍兒的手微微顫動，直到休息時間燈亮時才急急忙忙放開萍兒的手，眼眶還紅紅的。想必萍兒看著美麗善感的女友麗茹，一定好生愛憐吧？

「神」賜良緣：神社

說到神社，你腦海中浮現的印象是什麼？有一個大大的鳥居？一條整齊排列著石燈籠的表參道？賽錢箱上掛著大鈴鐺的粗繩？還是膜拜時的拍掌聲？

不用說，日治時期以前臺灣沒有這種帶著濃濃日本味的神社，隨著日本統治者來到臺灣，神社才一起被帶進來。一開始神社的數量並不多，但越到後來，神社數量越多，這當然是出於統治者政治考量下的結果。在日本人推行「一街庄一社」的政策下，日治時期全臺神社多達二百餘社。

3-16
畫家木下靜涯所繪臺中神社全景，社境風景秀麗。神社社境內綠意盎然，肅穆幽靜，尤其越到日治後期，神社數越多，對臺灣民眾來說，安靜的空間能讓情侶好好散步、談心。隨著戰後神社陸續改建或廢除，這裡也成為帶有日治時期特色的約會空間。

3-17
臺灣神社遠眺。明治橋是戰後臺北中山橋（現已拆除），臺灣神社社址戰後建為圓山飯店。臺灣神社在日治時期是臺灣位階最高的神社，社境幅員遼闊，地勢較高，視野佳，橋下小船供民眾泛舟遊樂。

鳥居、石燈籠、表參道、賽錢箱，你對神社的印象沒錯，那就是神社的樣子。鳥居是神社入口處像牌樓一樣的構造物，功能上像是神社的前門，告訴民眾神社已經到了。連接神社與鳥居的是表參道，表參道兩旁通常種有樹木，營造出寧靜祥和的氣氛，在走到神社之前，在這裡漫行穩定心情，以恭敬虔誠的心到社殿膜拜。現在東京原宿的「表參道」，其實就是通往明治神宮的參道。除了這些，神社社境內還有「手水所」，這裡是讓參拜者洗手漱口的小亭；「社務所」是神社中神職人員的辦公室，「神饌所」是料理神明奉饌之處。

你可能心生疑問：神社不是拜神的地方嗎？為什麼情侶約會要去神社？要拜神的話為何不去臺灣的寺廟？

情侶去神社不是為了拜神。之所以選擇神社，是因為神社是一個獨立的空間，環境也清幽，平常前來參拜的民眾並不多。再者，各地皆有神社，離市區不遠，就近便有安靜的環境，情侶自然多多利用。回顧日治時期的愛情小說，情侶們出現的場景如果是神社，不管是形單影隻或是儷影雙雙，幾乎都是來這裡安靜地思念良人、約會、私定終身或商量要事，不是來這裡拜神的。如果是臺灣人常去的廟宇，一方面香火鼎盛，出入雜沓，一方面廟內幾乎整日誦經念佛，恐怕也難找安靜的地方約會，還有臺灣人認為在神明面前不可三心二意，情侶約

3-18
神社社境林木環繞，綠意盎然，情侶可相偕坐在社殿階上談心，參道兩旁立著石燈籠。

會不免談情說愛，心有情欲雜念對神明是大不敬，約會時當然就不會選擇到臺灣式的廟宇前相見了。

「一鉤的新月，懸在神社右邊，明星點點，神社裡的鐘聲又響了，這是夜半的鐘聲，它一聲又一聲的敲得山上的猴們，都給它打醒過來了，這樣的淒聲，真會混濁人們的心窩呀！」這樣的神社，氣氛是有點涼冷可怕。但是阿國和慧英「依然不怕一切，坐在神社下的階上談心，他們真是忘記了一切的可怕，惟有心心相印，不管天會翻地會覆」，慧英將阿國視為「她唯一生命寶貝，他們真是投入愛河裡去游了！」相愛的兩人在夜黑風高的神社裡，阿國緊緊地抱住慧英，慧英也覺得「周身的血液狂奔起來，心神不能自主的，如受催眠一樣」，她恨不得阿國再抱她更緊一點，臉紅的慧英「想要叫阿國給她狂吻，但迷迷不知如何說法，雖是在寒冷的空氣下，他們卻覺不到如何寒冷，不但不覺寒冷，而且各自覺得周身熱熱，特別是耳部和腮邊，更熱得驚人」。喔！談起戀愛，夜裡的無人神社算什麼，「墓仔埔也敢去」！

3-19
基隆街頭一景。隨著臺灣逐漸近代化，具備多樣機能的現代化都市也是情侶約會的選擇。

儷影雙雙：其他約會勝地

日本時代情侶約會能去的地方太多了，舉例來說，一九三〇年代臺灣的經濟發展已經較過去成熟，在官方也積極營造旅遊景點和努力推廣之下，各地的溫泉成為一大賣點，向臺北市近郊的北投、草山（陽明山）溫泉，一方面鄰近大都會，又有淡水線鐵路、往返公車接駁，交通可稱便利，一方面到這裡洗溫泉的票價也不貴，當然是情侶們的首選。如果在這裡過夜，在一天散策之後，到溫泉旅館泡個溫泉，再悠閒地邊欣賞美景邊吃晚餐，喝點小酒，吃完晚餐後還可以再牽手散步享受兩人時光，好不愜意。

除了北投、草山溫泉，天母溫泉、臺南關子嶺溫泉、宜蘭礁溪溫泉都是名景點，當然專程到外地溫泉地旅行的約會行程也有，任君挑選。

只是限於財力、年紀等條件限制，有些地方未必每對情侶都能說走就走。例如阮囊羞澀的情侶，要約會恐怕無法選擇消費高昂的高級餐廳（料亭），但他們可以選擇票價低廉、交通方便的各種博覽會、共進會，除了是中央或地方上不定期舉辦的大活動外，展覽會展館和攤位眾多，內容豐富，不僅可以看到最新、最流行的事物外，心情上也像在逛園遊會一般，輕鬆

3-20
一九三二年基隆市廳舍落成記念展覽會。各種不定期舉辦、票價低廉的展覽會是地方上的大活動，民眾花點小錢就能參與，每每能吸引大批人潮前來。

自在。

這些展覽會有時會搭配一些廉價的，甚至是免費的周邊活動供民眾參與，像是音樂會、表演會或電影放映等。記得小時候，如果公告廟口將放映蚊子電影院，今晚廟埕一定是携家帶眷來，人山人海。日本時代的露天電影院或是音樂會，很有共襄盛舉的熱鬧感，在一群大人小孩之中，也有不少情侶相約來參加。

如果附近有游泳池或海水浴場，也有情侶相約去游泳的例子。日本時代政府十分鼓勵臺灣民眾學習游泳。很多人認為多游泳有益身心健康，像林獻堂就認為海水可以治百病，而常常去泡海水浴，觀念十分進步。或許你會問，情侶穿著泳衣到海邊去玩，在心愛的人面前「原形畢露」不覺得害羞嗎？其實那時候的泳衣不像現在流行的款式，大方顯露姣好的身材，連男生的泳衣都以連身的居多，女生的當然就更為保守了，情侶們相約去游泳是非常健康的約會，別想太多。

既然能游泳，生活在多山的臺灣，相約登山踏青更是舉手可得的約會行程。日治時期以前臺灣人並不是沒有接觸山林的機會，但日治時期各項條件成熟後彼此銜接，編織出娛樂消費的龐大市場，再加上官方為了積極向日本內地或其他外國人推銷臺灣旅遊行程，一九三〇年代印製許多版本的登山一日遊建

3-21
圖為日治時期鼓勵民眾到海邊游泳的廣告。從廣告中可見當時男性的泳衣也是連身的。其實日治時期政府鼓勵游泳風氣，有些都市已經有市營游泳池或是公營海水浴場，親水非難事。

議行程，每日往返的公車也到位，機能完整，踏青沿途還可以順道洗溫泉，或到鄰近的景點走走，好方便。

不想花錢的，去百貨公司逛逛櫥窗，不消費也行，日治時期臺北、高雄等大都市已有百貨公司開張營業，臺北市最知名的百貨公司「菊元」甚至已經有電梯了，吸引不少好奇的民眾前來一睹為快，看著電梯上上下下，心情也跟著上上下下。光是看已經夠讓人產生新鮮感了。除了百貨公司，好多都市都陸續出現各種規模不等的百貨店，小倆口肩並肩，甜蜜地逛百貨公司，真是羨煞旁人呢！

除了去公園，也可以在都會街道上逛逛。居住在靠海地區的情侶就近到附近的海邊或港口散步約會，靠山的就沿著山道散步談心。總之，情侶約會靜謐的環境和甜蜜的氣氛，只要有愛，哪裡都是愛侶的天堂。

約會場所就像愛情培養皿，多少愛情的善男信女把他們的心投入，期待在這裡能夠培養出愛情。初初開始，誰也不知道自己的心投進去以後，會長出什麼，也許能夠開花結果，結實累累，也有可能只是一堆看了凝眼又揮之不去的爛黴菌。但無論如何，這些戀愛勝地百年前就開始這樣看著每一對情侶來來去去，很有一種「今月曾經照古人」的雋永味道，愛的感覺也是百年如一，讓這些冰冷的建築溫暖了起來。

3-22
日治時期登山風氣漸盛，簡單的裝備、廉價的交通費就可到都市周圍做一日之清遊，圖中登山的女子甚至還穿著洋裝，頭戴畫家斜扁帽呢！

3-23
高雄吉井百貨店廣告。民眾逛百貨公司的休閒活動在日治時期已經不稀奇，各大都市皆有百貨店。

これから離れない：結婚

恩愛兩不離：結婚

不知你是否注意，臺灣諺語中與婚姻有關者出奇地多，從「姻緣天注定」、「人未到，緣先到」到「包汝入房，毋包汝一世人」，從相識戀愛到結婚生子的諺語通通有，光是列出與婚姻有關的臺灣俚諺，就可了解臺灣人對男女之間婚姻大事的重視。

俗語說，「一錢，二因緣，三美，四少年，五好嘴，六敢跪，七皮，八努力，九強，十存死。」這是以前認為的男追女十大守則。姑且不論是不是人人適用，男女雙方一旦你跑我追地交往相當時間後，準備論及婚嫁，就邁出了雙方相惜一世的第一步，男人靠「成家」而「立業」，女人也要結了婚，死後靈魂才有所歸，這樣說起來，結婚確實使人進入人生新的階段，因此婚姻大事就是不得不重視的事了。

4-01
這是日治時期政令宣導海報，「家長」的職責包含「子弟訓戒」、「一家和合」等倫理價值。早期的傳統家庭裡，「家長」也握有代決子女婚姻的權力。

先前曾提過，過去傳統漢人社會多鼓勵男女早早結婚，一方面男女在婚配後首重傳宗接代，不管頭腦裡的思想是不是個大人，只要身體發育像個大人就可以準備結婚了。一方面人們也相信早點結婚，先進入人生的下一個階段再學做大人即可。在這樣的想法作用下，男女的結婚年齡大多很低，幾乎是現在國、高中生的年紀就可以結婚了。

不過，這個觀念在日治時期開始受人質疑。一九一〇年，《臺灣日日新報》曾刊登一篇女性的適婚年齡應該是幾歲最佳的討論文章，著者比較了分別於二十歲與三十歲懷孕生子的婦女，發現二十歲的婦女因本身尚未發育完全，生下的孩子身高較矮，身體也比較虛弱，故主張女子不要太早結婚。這和傳統中國社會鼓勵女子早婚，以提早開始「增產報國」的想法非常不同，而這篇和過去不同的適婚年齡觀念的文章，在當時也不是報上的孤例。根據調查，一九三一年日本男女結婚年齡以二十五歲至二十九歲之間最多，這個數字比起一九二二年的調查延遲許多。這顯示著兩代之間對於適婚年齡的認知不同，在實際的情況上，結婚年齡也日漸向後推延。那種兩代之間觀念上的差異，常常成為臺灣新知識分子心中的苦惱之一，像是日治時期曾赴日本留學的新知識分子楊肇嘉，也曾經煩惱於養父要他中斷學業返臺成婚，那年他才二十一歲。

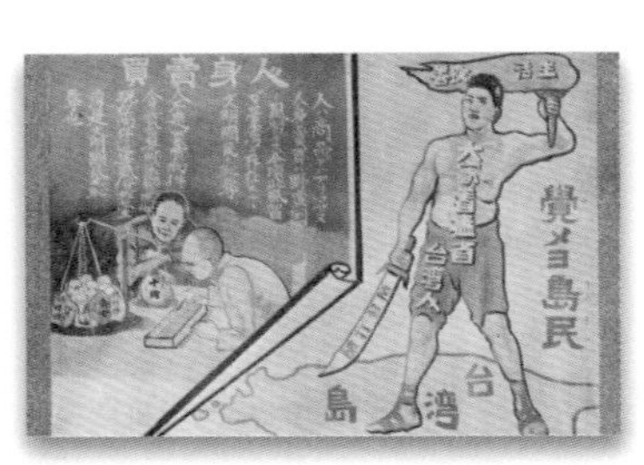

4-02
秤的那頭是十圓，媳婦仔、養女和娼媒嫺瑟縮在秤的這頭，旁邊有人正在打著算盤。日治時期政府呼籲民眾勿以「聘金」之名從事養女、媳婦仔等人身買賣，這也顯示在當時養女、媳婦仔等非常態婚姻經常是經濟考量的時代觀念。

恩愛兩不離：結婚

觀念的改變，提倡歸提倡，實際上在執行面卻未必盡然如此，就算要改變，也不是一蹴可幾，更何況日治時期法律規定男女結婚須經父母同意，因此父母仍對合婚具有不小的影響力，別忘了這些父母絕大多數不是沒有受過正規教育，就是屬於漢文教育系統，對於適婚年齡的看法，恐怕還是屬於「早生貴子」的居多。

儘管結婚到底是要早還是要晚沒有固定說法，男女雙方在交往到論及婚嫁的程度後，雙方的父母就會開始見面討論接下來一直到結婚的所有細節，日文裡稱作「緣談」，「『談』論雙方結姻『緣』之事」，「緣談」一詞可說是十分貼切的。這在整個婚姻過程中，算是開啟結婚大門的第一步。一般的婚姻，總是自緣談始。

說到結婚，你想到什麼畫面？是嗩吶、鞭炮聲響個不停，新人「一拜天地、二拜高堂、夫妻對拜、送入洞房」的那種傳統結婚儀式？還是在教堂鐘聲中頭戴白紗的新娘？其實，日治時期臺灣人的結婚儀式不止一種，包含傳統結婚、基督教式結婚、神前結婚和佛前結婚，每種結婚方式都很有特色，多種結婚儀式任君選擇，恰恰表現出日治時期臺灣人生活一點也不刻板單調，反而是雜糅臺、日、中、西等各種文化，非常活潑且多元。

傳統結婚

從族群人數和宗教信仰的交叉分析來推論，傳統結婚應該是日治時期最多臺灣人採用的結婚方式，而且最具漢人的民族特色。

依照古例，臺灣人傳統結婚儀式的整個流程是十分繁複的，特別是大戶人家，為了展現家風、重禮與大戶人家的氣派，手續再怎麼繁瑣也必須按部就班，了解結婚的每個步驟，才了解「結婚」果然是陣仗極大的人生「大」事。

過去透過媒人的介紹與遵行「六禮」而成的婚姻稱為「大娶」，但是在臺灣人的舊慣中，「小娶」是不需要也不能循「六禮」結婚的。所謂「小娶」，是指男方被女方招贅，或是父母接受少許的聘金後將幼女許配他家為「媳婦仔」，以便在長大成人後和自家兒子「送做堆」，或是與之相反，以少許金錢買來他人的兒子過繼為自己的養子，或等待其成人後和自家女兒成親的「預備女婿」，這些都是非常態的婚姻。至於其他幾近於人身買賣的婚姻就更不用說了，因為不是清清白白的明

4-03
老鼠娶親剪紙。
老鼠娶親是知名的臺灣民間故事，臺灣人將傳統結婚形式表現在剪紙上，
大紅花轎、樂隊、迎親隊伍等元素，都是傳統結婚的基本配備。

媒正娶，在行禮上往往草草了事。

話說回來，所謂「六禮」，是指「問名」、「訂盟」、「納采」、「納幣」、「請期」和「親迎」等六大步驟。「問名」是男方託媒人向女家取得寫有女方的姓名、生日等資訊的紅紙，再將女方的生辰連同寫有男方姓名、生日的紅紙一起交由「看命先生」，推算雙方是否適合婚配，若是良緣，則由媒人將批過的示語交給男方，男家看完後再由媒人轉給女家，這時女家也會拿雙方的八字再找人批一次，如果也是好的，女方也會將之轉知給男家，雙方即可準備「訂盟」了。

「訂盟」又叫「文定」，俗稱「小聘」，日文稱為「結納」。由男家準備金花、綢緞盒等多項禮品食物及一定金額的聘金，委託媒人送往女家。女家收下手環、金戒指等部分禮物後，再添上鞋襪等物品連同餘物送返男家，文定就算完成。俗話稱文定為「比手指辨」、「插簪仔」，昭告鄰里兩人已經「訂下來囉！」他人莫做他想。不過後來訂盟手續稍微簡化之後，也有人是不送金戒指，而是用紅紙量過女方指圍，再以相當的現金代替。

「訂盟」之後就是「納采」，即「大聘」，一樣由男方將納采書、婚書及各式各樣的禮品送往女家，糕餅上並書有「二姓合婚」、「百年偕老」的吉祥字樣，離正式結婚又近了一

4-04
男家贈送女家戒指是傳統結婚儀式中的一環，過去習用的金戒指，到了日治時期多了寶石戒指的選擇。

步。「納幣」接在「納采」之後，也是互贈聘禮的儀式，不過依照地方文化及婚姻手續簡化的影響，省略者亦有。接下來是「請期」，媒人在雙方之間照會雙方意願，擇定屬意的日期以為婚期。擇定之後，新人雙方各自在家中的神明祖先面前舉行「教茶禮」，向神明秉告結婚的決定，接著男家要開始布置新房，女方回到房中，至迎娶日之前不再外出見人，也可趁機進行成為新嫁娘的準備。

「親迎」當日，新郎沐浴更衣後，在廳堂由父親恭讀祝文，再依循禮儀拜天拜地、拜祖先，行禮如儀後，準新郎聽取父親關於婚姻與夫妻之事的提醒與教訓，無非是一些勉勵的話，父親訓話結束之後就可以前去迎娶美嬌娘了。此時準新娘也正在家中聽著父親「今後要謹慎小心公婆之言」、母親「日後須必恭必敬，不可違背丈夫之意」等叮嚀。待一列迎娶隊伍喜氣洋洋地來到女家，女婿拜過岳父母後，又是一陣行禮如儀，即可將美嬌娘迎娶回家。

到這裡婚還沒結成喔！到了夫家，「婆仔」會邊念著「子婿快升狀元，準新娘快做姑家」等吉祥語邊引新娘入門，準新娘入了新房之後三日內不再出門，利用這段期間舉行「主婚桌」、「姊妹桌」等儀式，告別單身。

4-05
臺灣傳統住家廳堂。
廳堂是傳統臺式住宅中最重要的空間，在整個結婚的流程中，諸多重要禮儀行事均在這裡舉行。

三日後新人終於要拜堂了。這天新娘盛裝來到廳堂神明面前，拜過神明祖先和公婆後，一併見過男方家的兄弟、親戚，完成所有手續之後回到新房。這天，新娘的舅舅也會攜禮來訪，新娘在新房等待母舅來探，母舅探訪過後，整個結婚的手續才算正式完成。

隨著時代的改變及觀念的日新月異，日治時期臺灣人即使是選擇傳統結婚，還是會加入一些「新」元素，儀式可能仍然依循傳統，但部分元素或物件卻隨著時代改變而更新，例如說結婚禮服的改變。過去結婚新人穿傳統中國式禮裝，西裝成為服裝的主流之一後，更多的新人著正式西服。當時許多臺灣人的結婚照中，新郎都是穿著英挺體面的西裝。而這種「舊體新用」的做法，也不只見於傳統婚禮，包含日式結婚也是，像是曾擔任臺灣民政長官的知名政界人物後藤新平，結婚時後藤夫人穿著日式禮服，日式梳妝，但新郎後藤新平卻沒有選擇男性的日式禮裝「袴」（はかま），而是一身西裝筆挺，滿腮黑鬍。

再者，交通工具和交通條件改善了，過去坐轎迎娶的習俗，後來也多改成搭乘汽車。從這些不變的禮俗，仍然可以發現現代的元素在裡頭。

4-06
西式新娘服飾裝扮。
西式新娘禮服被應用在各種結婚方式中，新娘身穿白色及地裙裝，頭頂頭紗，手持捧花，這種標準裝扮百年如一。

4-07
傳統新娘服飾裝扮。
新娘穿著傳統禮服，頭戴垂珠，一手持扇，一手扶著桌，繁複華麗，充滿中國傳統漢人的喜慶特色。

改變的還有「披露宴」（結婚喜宴）。過去親友以紅紙包二到四圓不等的金錢致贈喜家表示祝福，也就是現在的紅包。贈與男方的紅紙上頭寫著「新婚之敬」或「新婚至慶」，若是贈送女家，紅紙則多寫「添妝之敬」。婚家為表謝意，會舉行筵席宴請參加的賓客，以前的喜宴大多是在新人完婚的當天中午舉行，在家宴請賓客，中途由新人一起請客人吃檳榔、抽菸表示感謝。但是在日治時期，許多餐廳或酒樓都有提供婚宴場地及相關的餐飲服務，餐廳提供喜宴服務的廣告也不時可在娛樂雜誌或休閒刊物上見到，顯然當時的人不僅視喜宴的舉辦為結婚的一環，舉行婚宴的場地也跨出家中庭院或廳堂，來到外面的餐廳舉行。在過去，臺灣人均抱持著人生大事應在家中舉行的想法下，喜宴場地的轉變，不能不說是一大改變。

另一方面，大戶人家不只是對每個細節非常講究，連喜宴都能看出有錢人家的排場。一九二八年，臺灣五大家族的基隆顏家顏雲年，他的公子顏德潤與高雄藍家藍高川的千金藍錦綿結婚的時候，他們的結婚喜宴是以園遊會的方式進行的，規模之大令人咋舌。

4-08
日治時期許多餐廳或旅館皆提供宴會服務，舉凡結婚時宴客的披露宴、歡送會、歡迎會，以及各式茶會，民眾皆可接受到餐廳或旅館舉行。

4-09
後藤新平夫婦結婚照。
新娘雖著和式禮服，新郎後藤新平卻是一身筆挺的西裝，滿腮鬍，一張結婚照透露著時人對結婚的理解早已漸漸摻入新的元素。

4-10
左圖為租借日式新娘禮服的商店廣告，右圖日式婚禮中的新娘著禮服的模樣。和服的各種織品在日文稱為「吳服」。日式禮服分成不同的等級，價格各異，不只是新娘穿著日式禮服，通常參加婚禮的女性也多著日式禮服。

基督教式結婚

相對於傳統結婚儀式往來的繁瑣，基督教式結婚就簡單多了，不僅手續簡便單純，整個結婚儀式的完成，也不用像傳統結婚那樣動輒消耗數月的光景。

日治時期在臺灣進行的基督教式婚禮是什麼樣子呢？小說《靈肉之道》中，基督教徒的國魂和阿蘭兩人就是選擇依照基督教儀式，在教堂舉辦婚禮。當天，「堂上的鐘聲響了，噹！噹！噹……新郎新娘腳步齊進，一階階地踏上去，進入堂裡了，大家吟詩起來了……許牧師穿禮服，左手拿著聖經讀下，繼而向新郎新婦問問他們各人的心願」，在神的面前和眾人的祝福之中，新人交換戒指以為信物，完成所有的儀式之後即正式結成夫妻。這就是基督教式婚禮的模樣。

既然基督教式的婚禮簡單隆重，那麼日治時期有多少臺灣人選擇上教堂結婚呢？就整個宗教發展而言，日治時期在臺灣佈教的基督教大致分為加拿大和日本兩支，即使是加上天主教徒，整體而言，信徒數相對於全臺人數，比例很低。一般來說，基督教徒才會選擇採用基督教式結婚，如果依照這樣的邏輯推論，日治時期進行基督教式結婚的臺灣夫婦應該也不是太多，果不其然，我們要在日治時期各種刊物中看到關於基督教

4-11
神前結婚紀念照。

式結婚的名例，很不容易。

神前結婚與佛前結婚

除了基督教式結婚，隨著日治時期在臺灣的各種宗教信仰不同，從日本傳來的神道也有神道的結婚方式。

在神社舉行日本式的結婚典禮，在日本時代稱為「神前結婚」，它就是神道的結婚形式。原則上來說，舉行神前結婚時，新人家屬皆會到神社觀禮，由神社的社司主持。首先是「修祓」，這是為了除去罪惡不潔的祈福儀式，接著是「獻禮」，獻完禮後，社司會開始朗誦祝詞，再由新人向前，到神前以最敬禮默念誓詞，但也有人是由主婚人或媒人代讀誓詞，新人在其後方以最敬禮聆聽。神前結婚雖然主要在神社進行，但當時為了鼓勵大家改採神社結婚，教導人們神前結婚儀式的文章表示，如果遇有特殊情事而無法親至神社舉行神前結婚的準夫婦們，也可以在自家舉行神道的結婚儀式，神與祂的信徒同在，地點是可以通融的。

那麼，誰會到神社舉行結婚典禮呢？整體而言，與臺灣人相比，在臺日人多舉行神前結婚，神道從日本傳來，日本人選擇神前結婚也不難理解。尤其是在臺灣政壇有頭有臉的政府官員或地方上的知名人物，選擇神社結婚更具有指標性作用。一九二六年曾任豐原警察課長的豐原街長大澤嘉十郎，他的長女大澤美樹枝小姐和豐原郡警察課會計的黑川先生結婚時，就是在臺中神社舉行結婚典禮。

這是在臺日人的婚禮。除了在臺日人之外，選擇神前結婚的臺灣原住民也不少，這一方面是因為日治時期為了統治的便利性等考量，官方鼓勵駐在原住民地區的警察與原住民女子通婚。原住民女子和日本人男性結婚，婚姻形式自然就會採日式的神前結婚。另一方面日本統治臺灣以後，一直以「風俗改善」之名鼓勵原住民受日本教育，並採行日式的生活方式，男女雙方著日式禮服、到神社舉辦結婚典禮，就是官方鼓勵下的一環。

來看看一九三〇年卑南族青年的這個例子。改了日本姓名的卑南族青年男女舉辦神前結婚，報紙報導這對原住民夫妻男方「改名水田市造，臺東公學校高等科畢業後奉職臺東廳的警察官，精勵格勤又是運動家，新娘是卑南公學校的畢業生，是美貌與才智兼備的少女」，結婚當天兩人穿著日式結婚禮服，在卑南神社舉行婚禮，身旁除了雙方的親屬之外，臺東廳長兒玉魯一及廳下三位課長都出席這場婚禮，禮成後這對新人在卑南公學校舉行披露宴。這對水田夫婦在共結連理後沒幾天，又

4-12
原住民教育所。
教室後方掛著日本的地圖，上方懸掛著日本國旗。原住民男女學童均穿著和服，人人皆短髮或束髮，整齊地坐著上課，這就是典型的原住民教育圖像。日治時期官方對原住民實施近代教育，以「風俗改善」的名義改造原住民風俗成為日式生活方式。

4-13
一九三〇年五月舉行神前結婚的卑南族原住民夫婦。日治時期官方改造原住民風俗，鼓勵原住民接受日治教育，採行日式生活方式，神前結婚也在官方倡導之列。這對夫婦的結婚照被刊登在當時的報紙上，宣傳意味頗濃。

有一對原住民同樣身穿日本禮服在神社結婚，而這樣的例子，也不是只有卑南地區的原住民獨有。

至於漢人這方，官方對於漢人是否採取日式的神前結婚，基本上是抱持著鼓勵而不強迫的態度，不過對於具有看板作用的地方人士，還是會盡可能鼓勵神前結婚，另外也有些人則是因為留日等原因，生活習慣偏向日式。鶯歌石頭溪的林長壽曾留學日本，歸臺後任總督府交通部鐵道局書記，在地方上是知名的人物，和臺北市太平町莊輝之女莊烋治結婚，就是在臺灣神社舉行結婚典禮，並在知名酒樓「東薈芳」舉行「披露宴」。

然而越到統治後期，隨著皇民化運動的推展，對臺人採行日式風俗的壓力也越來越大，官方以「陋習打破」之名，動員青年團等民間組織鼓勵神前結婚。一九四〇年報紙上記載著羅東首次的神前結婚，中壢、集集、東石、北斗、鳳林、澎湖等地也在這年出現較多神前結婚的夫妻，其中不少是地方知名人物。不過，換個角度來說，一直到了一九四〇年各地才因官方「鼓勵」舉行神前結婚，有些甚至是地方上的「首次」神前結婚，顯然即使臺灣被日本統治已經數十年，帶著濃濃日本味的神前結婚還是不怎麼受漢人青睞。

一九二六年報上也曾出現「佛前結婚」的記事。圖中，一

4-14
佛前結婚的情形。

對著日式禮服的男女雙手合十跪坐在高臺上的佈教師前，這次是日本佛教曹洞宗的佛前結婚儀式，地點在臺北市東門町的曹洞宗別院，新郎是在蘇澳從事「蕃童」教育的臺北州囑託坪井札藏，新娘則是齋藤智（トモ）。不過資料顯示，日治時期信仰日本佛教的臺灣人稱不上多，佛前結婚的伴侶，在臺灣人中恐怕也是少數。

最後要來說說臺灣人的婚姻認定。日治時期關於親屬與繼承關係在法律認定上一直都採用臺灣舊慣，如果新郎新娘都是臺灣人，那麼結婚則採儀式婚，只要舉行公開結婚儀式即認定為結婚，在傳統婚姻的結合過程中也會訂下婚書，記載婚禮的相關事宜，並由雙方蓋章。不過若新人雙方有一方為日本人，則婚姻的認定須遵照日本民法提出婚姻申請後婚姻方成立。

「多少」有問題：聘金問題

聘金制度，現在仍存在臺灣人的結婚事宜中，新人雙方家長在商討結婚事項時，必定會談及聘金的多寡。聘金最初的意義，是作為訂婚時的禮物，男方贈送女家一定數量的財物為聘，女方也讓出嫁的女子攜帶與聘金相當的嫁妝嫁到男家。但是發展到後來，聘金的數字，不只包含了男家對女家的感謝，

4-15
送聘隊伍。
隊伍中人人頭戴斗笠，挑著送往女家的聘禮，聘禮可能稱不上豪華，但卻充滿男女雙家辦喜事的喜悅。長長的隊伍引來民眾旁觀，投以好奇眼神。

以及男家的誠意，同時也可能暗示了雙家的社經地位、禮數，甚至是面子或排場。牽扯到這麼多面向，意義如此豐富，聘金的大小，「多少」的問題不知道會引發多少爭議，沒有「身歷其境」的人恐怕難以了解。

一般人家雖然可能限於能力，無法像有錢人家那樣排場盛大，但模式上大致相同，只是金額或禮品的規模可能稍加簡化，畢竟「禮數輕便，心意不變」，嫁妝、聘禮、聘金，只要雙方合意，一切不是問題。

不過雖說一切以雙方合意即可，但這「合意」的標準實在很難說，因為枝微末節實在太多，男女兩方的往來之間，仍然常常為了禮數或細故發生小小的不愉快。其中因聘金的多寡所發生的爭議較為常見，聘金少了，女家覺得委屈，聘金多了，又讓人覺得像是將婚姻當作一樁買賣，如何將聘金協調得雙方都滿意而不失面子，真是門大學問。一九二八年鶯歌的林某和意中人吳女約定婚嫁，女家要求聘金三百八十圓，林某送了二百六十四圓之後，手頭實在再拿不出金額充作聘金，只好向哥哥調頭寸，沒想到卻遭哥哥拒絕，悲傷的林某就此自殺身亡。隔年東港的陳某也是為了兩百圓的聘金心煩，四面楚歌之下，悲從中來，自縊而亡。喜事不成，反成喪事，令人感慨。

聘金引發的爭議實在太多了，不僅當時許多文人呼籲，

4-16
日治時期期刊《民俗臺灣》封面。雙喜的「囍」是臺灣人傳統婚姻禮俗的代表圖像之一，四周的「二姓合婚」透露出「同姓不婚」的傳統價值觀。

別因聘金使結婚的本質流於買賣婚姻，一九二九年總督府社會課還針對臺灣人習用的聘金制度徵詢各方意見，期望改善聘金制度。但是即使是官方對於聘金的態度也是反覆不定，原因在於即使官方有意處理聘金問題，然而實在太難訂出標準，也難以設定不使婚姻流於買賣婚的管理機制，再者，聘金文化早已深入臺灣民間的婚姻傳統文化中，想要矯正甚至根除，實在難如登天。於是官方就在不影響統治的前提下睜一隻眼，閉一隻眼，聘金制度也就這麼流傳到了今天。

同宗不同婚：同姓不婚

臺灣人的結婚禁忌中，最知名的莫過於「同姓不婚」了。過去不只相同姓氏的男女不得結婚，較嚴格者，連同宗之姓氏聯姻都盡量避免，例如「張、廖、簡」、「陳、姚、胡、田」、「徐、余、塗」、「柯、蔡」在傳統的宗族關係上都會被視作是本家兄弟，彼此之間會避免結為親家。

至於同姓不婚的理由，在於過去古書《白虎通》中〈嫁娶〉篇提到「同姓外屬不娶」，《左傳》也有同姓嫁娶則子孫不繁的相關記載，因此人們相信同姓不婚。同時，就優生學來說，過去交通不如今日方便的時代，男女成家後往往不會搬離生家太遠，親人各自開枝散葉後，子代未必熟悉親屬關係，若與地方上同姓人家結婚，會有在不知情之下產生近親結婚現象的風險，說起來古時候同姓不婚也不無道理。清律中甚至有「凡同姓為婚者，主婚與男女各杖六十」一條，即使娶妾被視為非正式的婚姻，同姓不婚的觀念還是嚴格遵守著。

但是，到了日治時期，「同姓不婚」的觀念開始受人注意。一九二〇年代，總督府評議會就曾針對同姓可否結婚一事進行討論。總督府囑託（約聘人員）鷹取岳陽著相關論作，主張同姓可否結婚屬於道德領域的問題，而非法律問題。

不管官方怎麼看待「同姓不婚」的問題，在臺灣社會並不難看到被這個禁忌阻撓的愛侶。比如說，一九二七年，某工業學校學生蔡男和住在臺北市永樂町的蔡女相戀，兩人愛得纏綿，卻因同姓而被家人拆散，讓兩個相愛卻被傳統觀念束縛的人痛苦不已。

即使時序進入一九三〇年代，爭議仍然未被消解。一九三一年，還有一位二十二歲的妙齡女子將自己的煩惱投書報紙，原來是她在十六歲的時候就開始和一位同姓的男子交往，十九歲時濃情蜜意的兩人已經是非卿不娶、非君莫嫁。一個多月前，女生將兩人的結婚規劃向父母表明時，卻被父母以「同姓不婚」為由大加斥責。父親不但反對，還欲將女兒許配給他人，這位可憐的女子，甚至已經決心不惜以死明志，投書報紙是希望有識者能夠一起幫她想想辦法，她想問，外國或日本國內有沒有同姓結婚的例子？誰能幫她指引一條光明大道？

既是爭議，有贊成的一方，也有反對的另一方。當時報紙也偶見同姓男女共結連理的報導，鼓勵破除同姓不婚觀念的文章也不時可聞，可見當時正值觀念轉換的過程，這不只是兩種觀念的轉換，同姓可否結婚的問題，也顯示著兩個世代之間認知的差異。

愛之旅：新婚旅行

當你身邊的那些新婚夫妻選擇蜜月旅行是到歐洲來個浪漫之旅，或到東南亞感受熱帶風情時，你是否曾想過，臺灣人是什麼時候知道何謂「蜜月旅行」？又是什麼時候開始，蜜月旅行成為結婚中幾乎是不可或缺的一部分？

日治時期，蜜月旅行被稱為「新婚旅行」，日文漢文都一樣。日治以前的臺灣人沒有新婚旅行的習慣，女人嫁到富有的夫家後，幾乎不出遠門，若是一般人家甚至是貧苦的門戶，過門之後天天都得為生計奔波，更不用說要放下手頭工作來一趟浪漫的旅行。不過日治以後隨著各項產業的發展，旅行漸漸

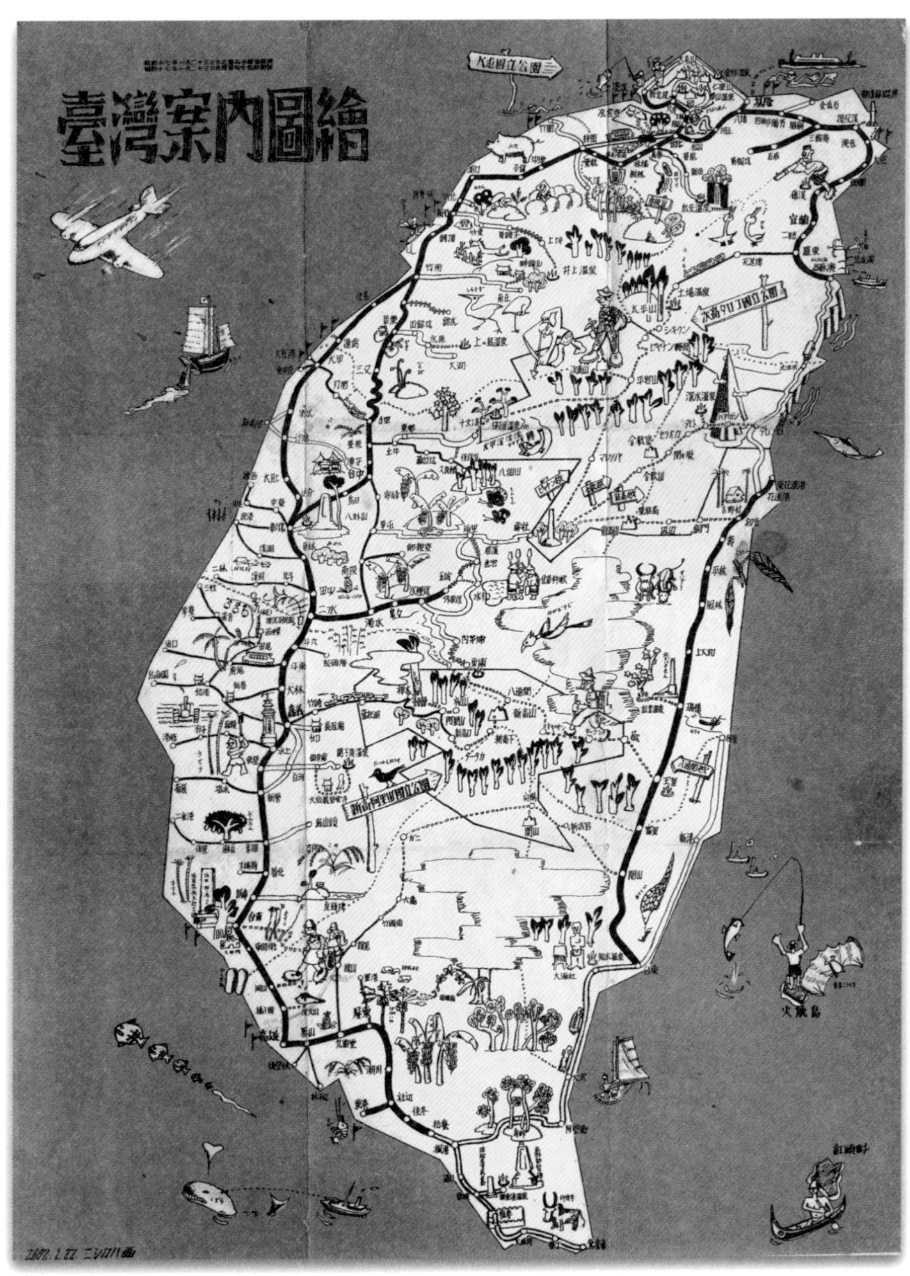

4-17
臺灣案內圖繪。
這張圖標示出日治時期臺灣各地知名的旅遊景點，國立公園、溫泉、登山路線兼備，當時不只名勝繁多，圖上也畫出鐵路、船、飛機，交通便捷，新婚夫婦若要來一場島內新婚旅行，行程絕對豐富。

4-18
北投佳山旅館廣告。
北投在日治時期已是著名的溫泉地，是官方主打的旅遊景點之一，廣告上寫著適合商談、宴會、招宴、新婚旅行、家族旅遊等，並附上公車、計程車價格。日治時期南來北往發達，不少新婚夫妻選擇各地溫泉名勝作為新婚旅行的首選。

地不再是難事，有錢的新婚夫妻可以相偕到外地完成他們的新婚旅行，藉以培養夫妻間的情趣與默契。像是一九二〇年嘉義的企業家陳際唐將女兒淑宜嫁予醫學校畢業生林其章，林氏夫婦婚後的新婚旅行是北上遊歷，遍覽大地風光。還有一九二六年，林獻堂帶著林家二公子林猶龍和他新婚的妻子愛子前往臺北新婚旅行，下榻臺北知名旅館高義閣。如果是新婚旅行在臺灣，考量交通條件、消費習慣等因素，熱鬧的大都市、充滿輕鬆氛圍的溫泉地，或是像日月潭、鵝鑾鼻等充滿地方特色的知名景點，都是不錯的選擇。

後來，隨著臺灣和各地的交通越來越發達，經濟環境較好的臺灣人，新婚旅行的目的地擴大到日本本國或中國，主打日本線的，知名景點有東京、熱海、神戶等地，而那些走中國的行程，一般可以到上海、華南或沿海地區，剛剛提到的小說《靈肉之道》中，國魂夫婦就是選擇到上海旅遊做為他們的新婚旅行，婚後第三天，他們就到了旅館等待往上海的船期。只是新婚旅行所費不貲，真正能夠花大錢到海外旅行的夫妻，在比例上恐怕也不是太多。

新婚旅行雖是日治時期各種條件成熟後發展出來的新觀念，但目的地的遠近不拘，畢竟還是得額外花筆錢作為遊樂之用，或許負擔得起新婚旅行的夫婦多了，但限於經濟條件、婚

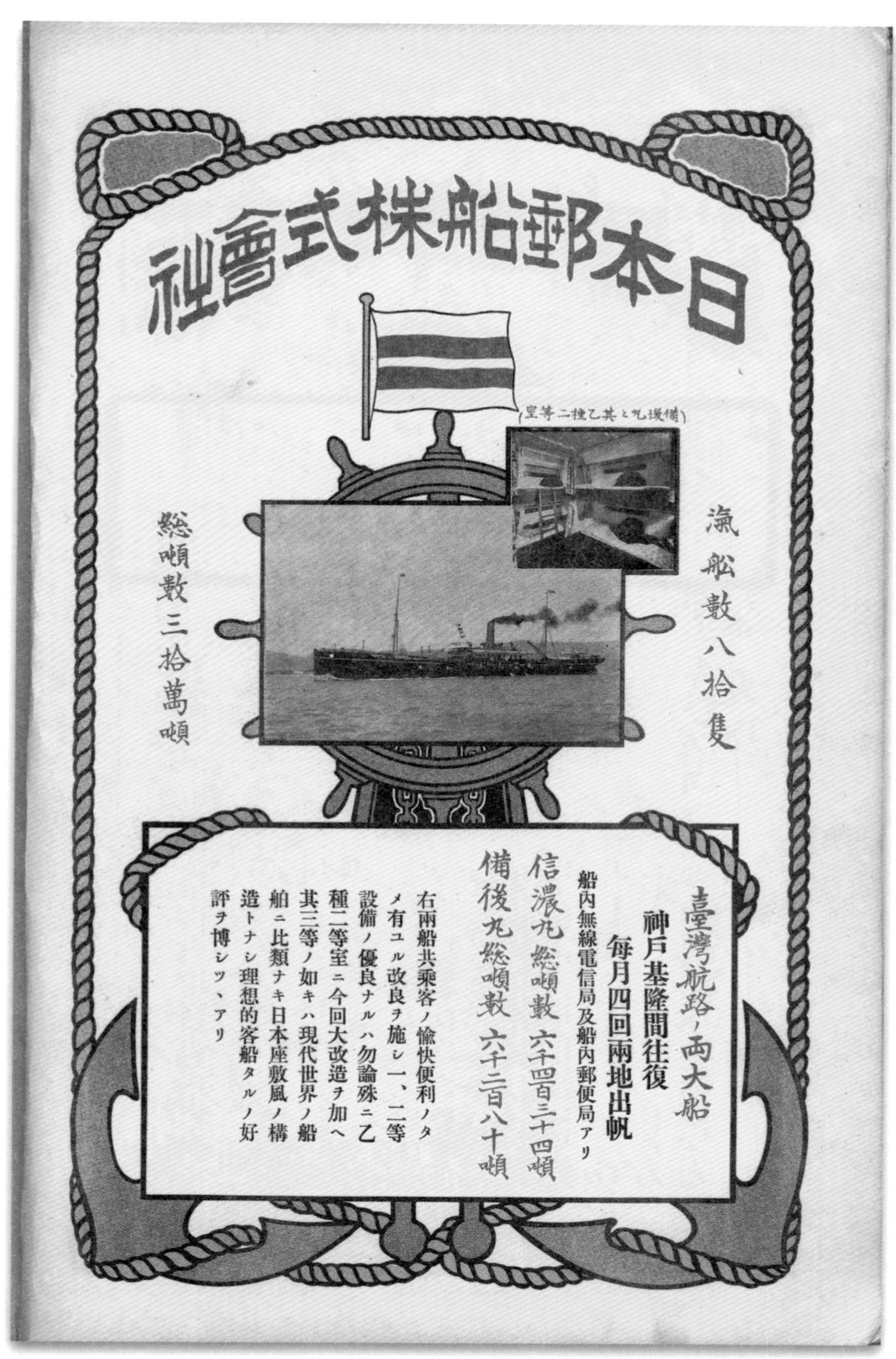

4-19
日本郵船株式會社廣告。
日治時期日本與臺灣之間已有定航船班，信濃丸、備後丸、蓬萊丸、高砂丸都是著名客輪。新婚夫婦若經濟條件較好，其新婚旅行也可以搭乘客輪前往日本，而且從臺灣前往日本是屬於不用護照的「國內旅行」，比前往中國方便。

4-20
一九二三年起行駛於臺灣與日本間的蓬萊丸。
蓬萊丸是日治時期臺灣人往來日本內地的運輸工具，甲板上想必新婚夫婦儷影雙雙。

姻類型、當事人從事的職業屬性與觀念等原因，沒有進行新婚旅行的夫婦應該也不在少數。

初結婚的夫妻，無論婚前兩人交往多久，成為夫婦以後，一切都還在半生熟的適應期，為了保持婚姻的鮮度，有人認為維持美感很重要。一九三六年，某化妝品廣告商叮嚀年輕的新婚太太在新婚旅行中為了讓丈夫看到自己青春貌美的一面，每天都要比丈夫早一點起床化妝，讓自己什麼時間看起來都是魅力滿分。固然這是化妝品商人的行銷手法，在新婚旅行的夫妻生活中大做文章，但它確實掌握了新嫁娘在蜜月旅行中那種羞赧謹慎的心情。

破財又傷心：騙婚

結婚本來應該是令人期待的喜事，偏偏有人利用婚姻作為詐財的手段，這種根本連婚都還沒結成就被騙走一筆金錢的「騙婚」新聞，報上時有所聞。舉例來說，一九二六年烏日庄的莊火塗假意替喪妻的同庄男子郭壽金介紹繼妻，稱說聘金只要十四圓，壽金以為聘金低廉負擔得起，便允諾火塗代行。幾經周旋後敲定迎娶日期，火塗和壽金說，當天他將帶女方前來，壽金只要準備酒席即可。想不到可憐的壽金當日興高采烈地備好酒席，引頸期盼新人到來，等到夜裡都不見人影才知被騙，報警處理。

另一個騙婚的情事發生在一九三〇年，彰化鹿港的黃監今年四十六歲，是個漁夫，妻子過世後欲續絃為繼，有位名叫陳頭的男子代為執柯，替他做媒介紹適合的女子。終於，黃監以聘金二百一十圓娶得基隆女子呂金做為繼室，二十六歲的呂金還帶有一個二歲的女兒。但是呂金入門後不操家事，終日臥床吸菸，一日竟趁家人不在的時候，攜著幼女收拾家中所有貴重物品與金錢細軟潛逃。黃監回家後發現早已人去樓空，追著媒人問妻子的下落，但媒人亦不知所蹤。後來，黃監進一步查了戶籍抄本，這才發現這段時間以來的枕邊人根本不是戶籍簿上登記的女子，不勝憂憤之下懷疑其中有騙婚詭計，而提出詐欺告訴。

不只臺灣，這種騙婚的例子在同時期的日本也不難見到。像這樣的案例，固然受害者可以對加害者提出告訴、請求賠償，但那顆期待愛情的心，又豈是金錢可以賠償？高度期待落空後的受傷心情，又豈是三言兩語可以道盡？

私奔

俗語說：「有情人終成眷屬。」成眷屬固然是愛情的甜美花果，但若是有情人不能成眷屬，不能成連理的兩人只好替天長地久另尋出路：比翼雙飛。

「私奔」，是期待能從排山倒海的反對中，「奔」出一個未來。

在中國的古典愛情故事裡，私奔似乎變成浪漫和忠貞的代名詞，有時甚至是天長地久的保證，這點十分有趣。私奔雖是相愛的兩人不受眾人祝福之下的行為，但故事中私奔的人似乎從此過著幸福快樂的日子。讀古典愛情故事，幾乎找不到愛侶私奔之後女方被男方家暴，或男女一方另結新歡，或兩人最終不歡而散，甚至反目成仇的例子。而且，在兩人私奔之後，當初反對這段愛情的人去哪裡了？他們的聲音幾乎不見了，反對的力量似乎就此消失，愛情得到解放，舊鄰里恢復平靜，離開的情人得到救贖，整個情節急轉直下，所有的衝突點一瞬間化解了，私奔反而成全了一個大圓滿的結局。

在日治時期的臺灣，一切可不像愛情故事那麼簡單。首先，「私奔」的定義不止是未婚的男女私訂終身，逃離本家，就算是一方已婚甚至雙方都各自嫁娶、開枝散葉了，私自捨棄

北門特訊

開運動會　北門小學校定十一月二日開秋季運動會。前經由該校長發信邀請生徒父兄。及重要官民。本期之運動會。注意去華就實。謝絕來賓寄附云。

少女私奔　北門庄王某年方十八。自前往高雄某工場作工。與某姓之女私通。女年纔十六。兩情歡洽盟山誓海。共訂白頭。後相携奔歸北門。某姓忽不見其女。偵騎四出。後探聽同王某私奔。月之九日。親到北門分室。請官說諭歸家。其女初不肯從。被野口室長一場痛責。無奈隨父而歸。噫。世俗澆漓。男女叢行。雖有所聞。實未見年少男女之自由戀愛如此者。可嘆也夫。

4-21
一九二四年某日「北門特訊」一則名為「少女私奔」之新聞。十八歲少男與十六歲少女私奔，終被訓戒帶回。

原生家庭與愛侶雙宿雙飛也可以算是私奔。一九三〇年，基隆雙溪的人妻陳阿娘，和丈夫連火旺育有一子，卻與無職的李來傳私通，捨其夫、子，與來傳私奔至花蓮。像這樣的例子，日本時代的臺灣發生過好多次。

其次，私奔的理由百百種，每種理由也未必都浪漫，有些不但換不來觀者的同情，還實在讓人傻眼。除了愛情得不到成全而不得不走以外，還有一九二八年這個例子。雲林虎尾十八歲吳女招贅李男為夫，但入門後，吳女卻屢嫌李男其貌不揚，不知從何時開始，與隔壁老張的弟弟有染。某天，張男和吳女兩人約同庄李某的妻子一同外出購物，買完東西後託友人將物品攜回，兩人遂不知去向，這時吳女的父親已經病重在床，得知消息之後在病床上欲圖自殺，後經鄰居勸下。吳父心有不甘，報警搜查。

不過，無論私奔理由為何，總得是兩情相悅，但一九二六年，臺南的某王男心儀紀女，展開甜言蜜語的猛烈追求，但紀女不為所動，面對王男的求婚，以對方是無賴漢、兩人沒有將來為由加以拒絕，沒想到王男卻夥同友人誘拐紀女，引起地方上的騷動。這就不是私奔，而是誘拐了。

或許表面上看起來，婚姻就只是兩個人在法律上結為連理的手續，但細細爬梳細節，就會發現臺灣人一點也不老掉牙，

尖端女棄母私奔
老媼無依精神恍惚

嘉南大圳
水租調定
組合將自辦理

4-22
新化某女與人私奔，老母親思女心切，終至精神恍惚。這則報導提醒我們，私奔不只是當事人的問題，可能也對當事人的家庭造成影響。

光是結一個婚，就可以讓人感到曲折離奇、柳暗花明，臺灣人的結婚史，也不止是掀開頭紗、送入洞房而已，一切都因「結婚」二字，鮮活、立體了起來。

不義をはたらく：浮気と姦通

路邊野花隨手採：外遇與通姦

外遇說「法」：外遇與重婚的法規範
「妾」身不明：臺灣人的「妾」制度 ◎ 家花不比野花香：臺灣人的外遇
沒有汽車旅館與徵信社的年代：抓姦 ◎ 大老婆的復仇：外遇的懲罰
那晚之後：外遇與重婚後的問題 ◎ 疑似外遇的不白之冤：不是外遇的外遇問題
舊人的眼淚：被背叛的痛苦

當數位相機問世，底片業者可能會說：「時代真的變了。」當內衣外穿變成一種時尚潮流，許多婆婆媽媽也會感嘆：「時代真的變了。」當便利商店取代巷口雜貨店、當觸控螢幕取代手機按鍵，你不禁感嘆：「時代真的變了。」

過去是「當心匪諜讓你不小心出賣國家」的時代，現在卻變成「當心花蝴蝶讓你不小心出賣你的家」，當你邊吃飯邊看著電視上的元配、外遇者和外遇對象互嗆的新聞就像看連續劇般，大家搶著麥克風說不停，每天一爆料搞得七點的新聞比八點檔還精采，你說，時代是不是變了？

5-01
象徵近代法律的高等法院。近代法律被引進尚使用中華帝國式法律的臺灣時，摩擦頻生。

不過，時代變了，還是有些事情沒變，比如說婚外情。

你一定聽說過「妻不如妾，妾不如偷，偷不如偷不著」，好像不管在什麼時代，外遇對象的吸引力永遠都比元配來得大，讓你看得到、摸不著的時候渾身發癢，不抓一下不行。一旦你「抓」了，你的另一半也來「抓」了，只是你抓的是癢，她抓的是你，左鄰右舍則是開始放送：又一齣連續劇開播啦。

外遇說「法」：外遇與重婚的法規範

一八九五年，臺灣的日本時代序幕拉開，一切來得太倉促突然，很多事情不只是讓臺灣人暈頭轉向，連日本人都未必有足夠的時間深謀遠慮一番，就這麼粉墨登場了。以日治時期在臺灣施行的法律來說，臺灣人面對的，是從中華帝國式的法律，很快地轉為帶有西方近代法色彩的日本法律，就像是一臺大車硬要在裝置還沒到位的軌道上運行，結果就是不勝其數的「摩擦」。

然而有趣的是，某些時候又不必然是如此。日治前半期，日本人在民法上採取尊重「舊慣」的態度，即使一九二三年以後民事領域也轉而採用日本民法，但對於臺灣漢人的親屬關係認定與繼承事項，仍然參考舊有之習慣。

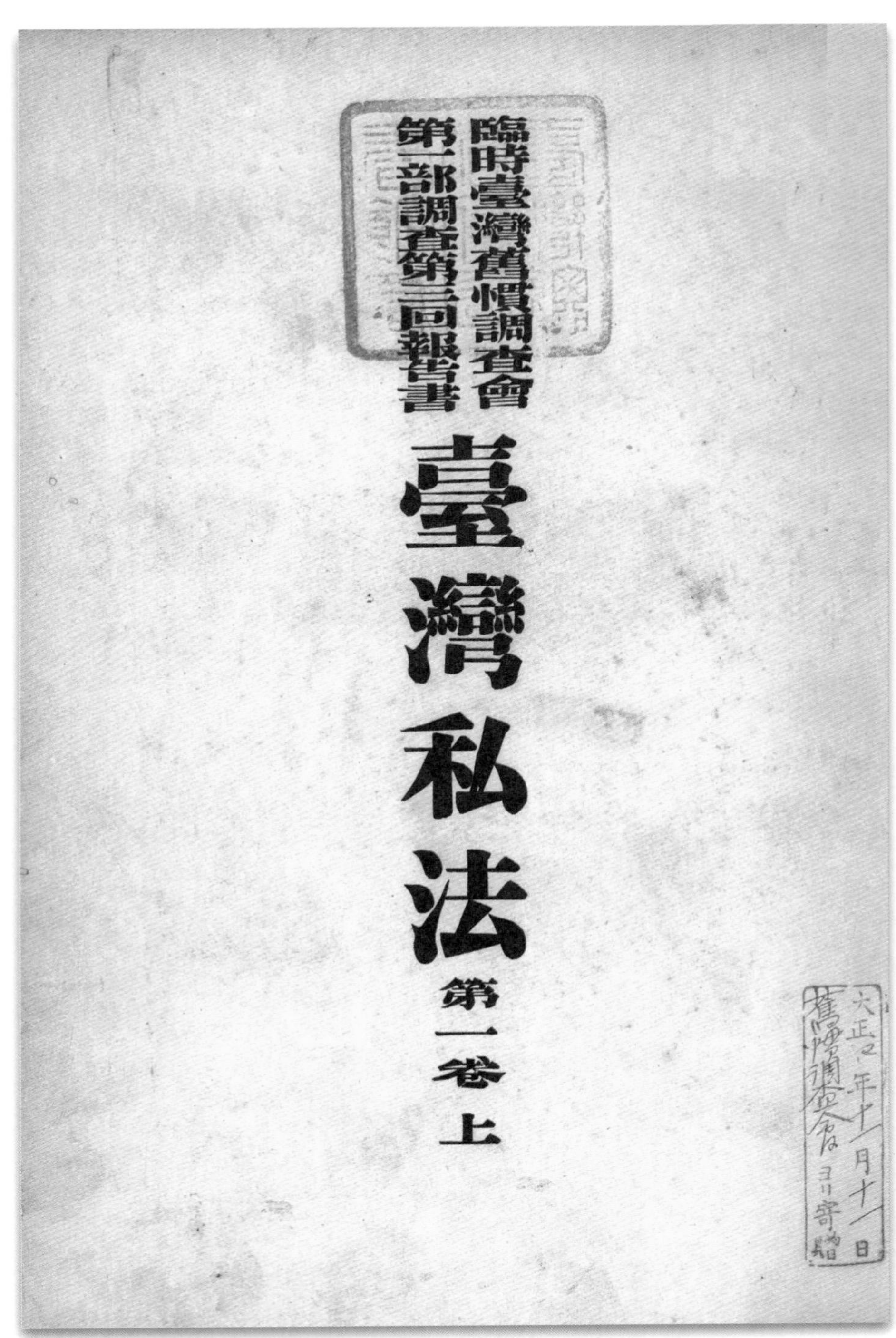
臨時臺灣舊慣調查會
第一部調查第三回報告書
臺灣私法
第一卷上

5-02
二十世紀初，總督府為了解殖民地諸般情形而展開一連串的臺灣舊慣調查，《臺灣私法》就是調查結果的一部分，這是總督府治臺的重要基礎，官方對於臺灣人親屬關係與繼承的認識與判決，也都參考《臺灣私法》。

如此一來，關於外遇或重婚的刑罰，就無法簡單帶過了。在日治時期的臺灣，外遇發生性行為屬於刑法範圍的姦通罪，「姦通」即今謂「通姦」，條文規定其定義為，有夫之婦與配偶以外之異性發生性行為，且只有女通姦者的丈夫可以對兩人提出通姦告訴，其他人不得代為提起訴訟，若判刑確定，男女雙方皆受處罰。但若是已婚男性與他人發生通姦行為，這男性的妻子也無法對通姦的兩人提起告訴。

同時，通姦是無法單獨完成的犯罪，必有共犯，雖然理論上通姦男女都須受懲罰，但若男方不知對方為有夫之婦而與之發生通姦行為，則能因「無犯意」而不受處罰，只懲罰通姦的女方。有研究者提到，案例上卻有實例，丈夫本想透過提起通姦告訴來懲罰和妻子外遇的男性，沒想到男子卻以不知女方是有夫之婦為由而避過牢獄，外遇的妻子卻被抓去關的情形。

姦通罪屬於重罪，一旦判刑確定，不僅犯者有刑責，另一方也可以據此訴請離婚。

至於重婚，日文中稱為「重婚」或「二重結婚」，簡單來說就是在已婚狀態下又再婚配的意思，當事人若已經完成民法手續所認定的婚姻，即已婚狀態，又復與配偶之外的他人完成民法上認定的婚姻，即為重婚，一但被判定罪名，一樣有罰則。

但是雖然法律有訂出重婚罪的認定條件，實際上重婚的案例卻非常少，這必須回到當時的時代背景來解釋。日本採行一夫一妻制，在已婚的狀態下復與他人結婚當然就是犯了重婚罪，不過臺灣人的情況比較複雜。作為移民社會，臺灣存在非常多種的婚姻形式以因應不同的家庭結構與維持親族相續，有一種被稱為「雙祧」的情況被允許同時有兩個妻子，「祧」就是宗廟，也就是祖先，「雙祧」就是要奉祀兩家祖先，在臺灣，男性若是入贅女家，且在本家又剛好是獨子，就有可能產生「雙祧」，既要奉本家祖先，又要祀妻家祖先，這種情況下，分別結兩次婚是為了延續兩家的香火，是被日本當局所認可的。

不過即使有重婚罪的束縛，臺灣男人依舊能夠鬆綁來左擁右抱，享盡齊人福，那就是有點奇怪卻很有意思的「妾制度」。

「妾」身不明：臺灣人的「妾」制度

妾室又被稱做「準妻」、「副妻」、「偏房」、「側室」、「細姨」、「姨仔」、「小家眷」、「第二妻」、「如

5-03
俗語稱一家人為「一口灶」，不過臺灣社會發展複雜，也有一個人傳宗兩姓的「雙祧」。「雙祧」屬於時代下的特殊現象，在日治時期被允許娶二妻。

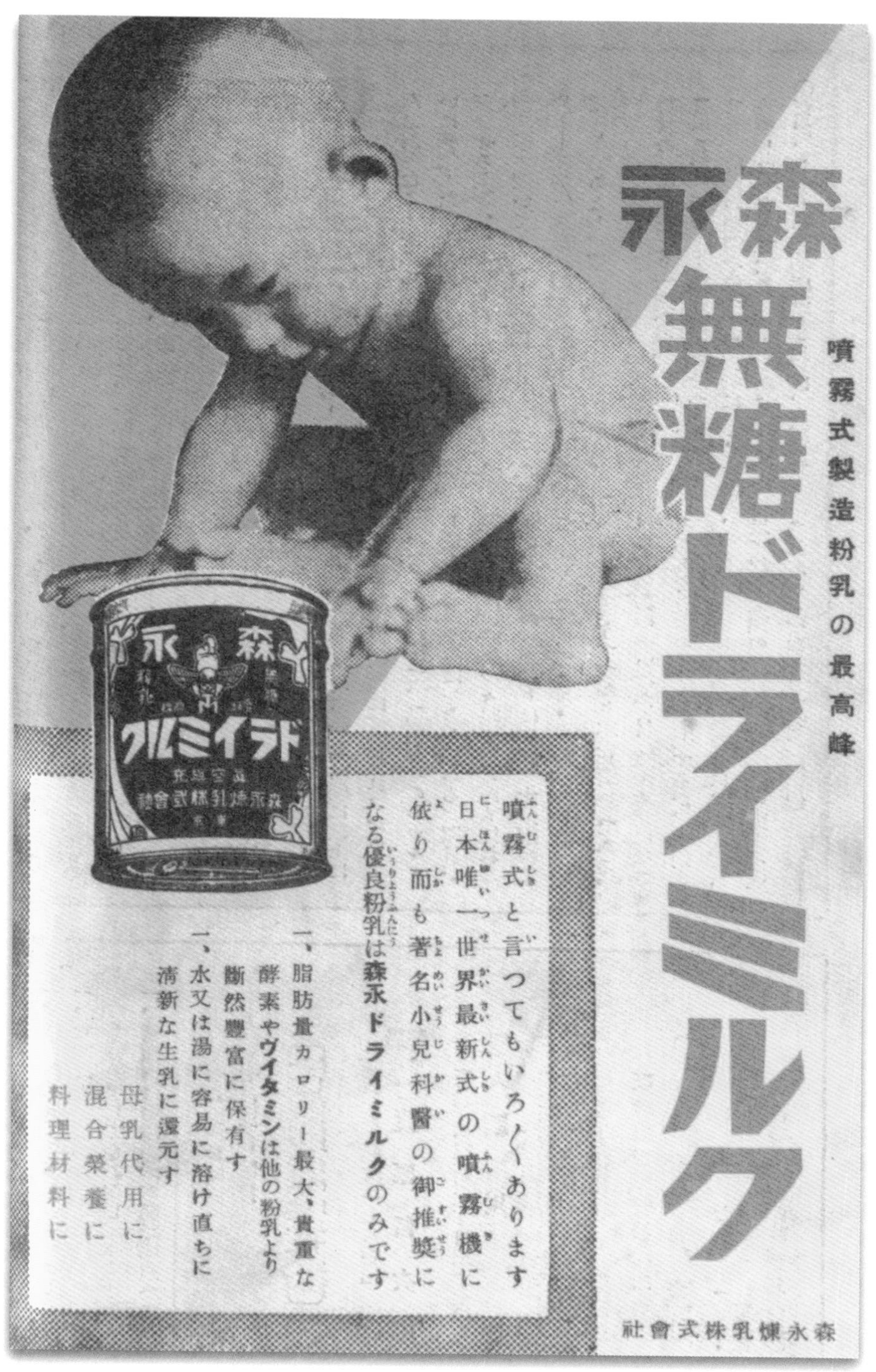

5-04
幼兒奶粉廣告。
過去臺灣人抱持重男輕女的傳統觀念，男孩的價值遠遠超過女孩。妾制度最初的發展背景，是為了能增加生育力，使家丁興旺，不過後來卻演變出炫耀家財與能力的心態。

5-05（右）
辜顯榮。
日治時期許多臺灣知名人物都是妻妾成群，例如辜顯榮就有一妻五妾。
納妾意味著家計開銷的擴大，因此男人蓄妾須有相當的經濟基礎，或有相當的社會地位。
5-06（左）
籲勿蓄妾。
官方曾以「一夫多妻為動物的習性」等語呼籲臺灣民眾勿蓄妾，
海報上標語漢、日文並列，是時代特色。

夫人」、「二相公娘」等這麼多名稱，大約就可了解日治時期還是不難見到「妻妾成群」的「齊人」們。最初產生「妾」制度，是舊社會中為了延續或保障香火的傳承而來，俗語說「死查甫死一房，死查某死一人」，女人的價值要依附婚配的男家才能存在，但男性卻代表著一家香火，男人有多重要，從此句諺語不言可喻，誰不希望家族能開枝散葉，當然要多生幾個「保障名額」，久而久之，臺灣人社會中始終存在蓄妾的習慣，在法律上開出一個游離空間，讓男人可以有兩個以上的配偶。

現在看來，蓄妾可能會被指責是物化女性、男性沙文主義等負面評價，這些批評都很有道理，但過去的人看待蓄妾可未必盡然如此。男人要蓄妾也得有點本事，最重要的是家裡要資本雄厚，暫且不論男女雙方為何結合，腰纏萬貫無可避免的是擇偶的條件之一，就現實面來說，娶妾生子後多了家丁人口，沒有一點家財怎能維持一家生計？富裕的經濟條件可能連帶著一定的社經地位，總得有名或有利。如此一來，蓄妾有時還被視為是財力或社會地位的象徵，表示為大戶人家。

這種蓄妾的風習，看在日治時期受過新式教育的知識分子們眼裡很不以為然，有人在改善不良風俗的呼聲下，秉持蓄妾違反善良風俗、人身自由、婦女權益等理由極力反對，不過也有知識分子認為妾可增加家庭的勞動力與生產力，讓男人能夠完成傳宗接代的使命等理由，主張蓄妾的習慣在臺灣人的社會與觀念中有實際的需要而應暫予保留，甚至也有受新式教育的知識人完全不避諱自己想要娶妾的念頭。回顧整個日治時期，蓄妾的習慣並沒有在臺灣社會中根除，只是法律上一夫一妻制的認定，成為今日婚姻採行一夫一妻制的基礎。

至於妾的法律地位，用「妾身不明」這句話來形容真是無比貼切，妾婚姻雖然不在「一夫一妻」的基本精神中，但卻為了尊重臺灣舊慣而被時代保留下來，妾在法律上不被視為妻子，卻被以「準親屬」定義；如果妾無子嗣，丈夫過世後，家中的其他晚輩要共同撫養這位被視同親屬的妾；而妾若生兒子，將來分家產時偏房的子嗣也能繼承，不過身為生母的妾沒有兒子教養權，而是由家中正妻來負責管教。妾的法律地位與權責真的有點曖昧不明，實在是那個時代下奇怪的產物。

家花不比野花香：臺灣人的外遇

日語中有一句成語叫「即使頭禿了，也不會停止外遇。」不只日本，日治時期臺灣社會中外遇與重婚的例子並不少見，

5-07
元配阻擋丈夫迎娶他女的隊伍，氣憤爭執。

一男娶多妾的情形也不希奇，但時代一直在變，新的東西不斷地在生活中嶄露頭角，故事情節雖然老掉牙，元素卻是新的。一九三二年十二月某日，豐原街上來了四輛汽車，原來這是臺中神岡富豪張家三男張啟鰲要迎娶新婦的車隊。一行人浩浩蕩蕩來到街上迎娶美嬌娘，喜氣洋洋。歡天喜地之中，一個年約二十五歲的時裝女郎馳至現場，阻去車隊前進之路。這名妙齡女子名叫錦霞，出身清水地區望族之後，根據錦霞淚流滿面地陳述，原來啟鰲和錦霞在十多年前留學東都時相識，進而相戀，暑假歸臺時，錦鰲託人向錦霞之父說親，雙方終於結為連理。一九二九年，兩人學成返臺，不料返臺後生活漸生齟齬，一次細故口角之後，錦霞搬回娘家，但仍希望對方可回心轉意，兩人重返甜蜜家庭。沒想到啟鰲不但沒有來接她回家，反而另娶豐原某曾女為繼，氣不過的錦霞，來到迎娶現場要和啟鰲一較高下，今天說什麼也要他說清楚講明白，給個交代，大鬧特鬧之下引來民眾圍觀。

老實說，臺灣人對這種負心漢功成名就之後，拋棄糟糠妻另娶他人的故事一點也不陌生，傳統戲曲裡面都有，但有別於以前可憐兮兮的元配，這個故事裡的大老婆不僅系出名門，留學東瀛，要來理論也不忘光鮮亮麗、時裝打扮，旁邊的觀眾對這種「身歷聲」的現場不ＮＧ演出不僅看得如痴如醉，還熱烈

5-08
主婢貪戀。
小說《靈肉之道》中，婢女阿春是雇主生地的外遇對象，兩人在海邊的棧間裡幽會，阿春正向生地哭訴被正妻虐待的種種。外遇甚至是妾婚姻有很多因素，各取所需，有些未必全是出於愛情，例如故事中阿春就是想利用生地向正妻報復，所以故意魅惑之，與之外遇。

加入，圍觀看好戲。你說，這像不像八點檔的劇情？怎麼可能沒有比八點檔更精采？

比八點檔更精采的還有這個案例。臺中的某汽車會社社長蘇某年屆六旬，妻子過世後再娶霧峰女子陳研作為繼室，兩人依舊慣方式結婚。婚後沒多久，蘇某又戀上十九歲的豐原女子張免，蘇張兩人愛情甚烈，張免更進而常對陳研加以白眼。一九三三年，蘇、張正式提出結婚申請，陳研不堪受兩人虐待返回生家，並思考對策。經過種種調查的結果，早和蘇某結緣的陳研因未提出申請，在法律上竟淪為蘇某的雇人，這下只見新人笑，誰憐舊人哭了，陳研極度憤慨，遂對蘇某提出重婚告訴。年過半百的六十歲老翁戀上雙十年華的少女已經極具戲劇張力，又有新、舊勢力的倫理衝突，簡直就是「花系列」的始祖，連續劇的編劇對這些「親身搏命演出」的前輩應該自嘆弗如才對。

沒有汽車旅館與徵信社的年代：抓姦

「嫁著緣投尪。查某似打蜂。尋無時間可來相痛疼。暝日無處可看人。美尪無咱份。被人扭去分。咱塊格心別人塊肉吻。較慘近港搭無船。美尪卜好命。夫妻空売名。四過放種與人塊生子。無思公婆歸大廳。」可能有人覺得，外型亮眼會放電的男女比較容易外遇。若是嫁給和人人都「投緣」的「緣投㕵」，或是娶了「水某」，就要小心外頭的野花和野蜂。不過顯然外在未必是外遇的必要條件，反而「趁虛而入」才是造成外遇的關鍵，當心靈或身體覺得空虛、覺得冷的時候，常常就會理性約束不了感性。

要外遇有很多種方式，例如說再逢舊情人。一九二二年，某位多情的詩人在北投重逢舊情人：「三秋不見似多年，媧石難補離恨天。意外忽逢青鳥史，陽臺雲雨夜纏綿。」當年那個不經世事的女孩，再重逢可能已經是丰姿綽約的徐娘，比起家裡的黃臉婆，她顯得落落大方，一舉手一投足之間，都散發出誘人的成熟韻味，讓人心馳神往。如果這時兩人敘起當年舊，又重新勾起當年戀愛的甜蜜回憶，往日時光總是能激起你的某種情愫，只是與當年舊愛的一場久別重逢，沒想到竟然就這樣共赴一夜的巫山雲雨。

但最常見的並不是老情人的久別重逢，而是左鄰右舍厝邊頭尾，這自然是和日治時期臺灣人生活中的人際網絡有密切的關係。經過一段時間的經營，日治時期臺灣交通雖然已較清領時期來得便利許多，但當時一般民眾的休閒習慣仍不像現在這樣，是沒有週休二日的，更別說趁著假期專程去遙遠的外地度假，在那個「全民拼經濟」的年代，一般人在沒有特殊原因的情形下，既沒時間也沒必要刻意到外地度假。因此大多數人的日常生活圈仍然局限在村落街庄，接觸最密切的還是街頭巷尾的鄰居們。鄰里往來之間情愫漸生，乾柴烈火就是一場婚外情的開始。翻開報紙上對外遇的報導，你就會發現原來日治時期的臺灣社會，男女外遇的對象多半是「同庄」的某人，地域感是很明顯的。

一說到外遇，大概不少人會想到汽車旅館。曾經聽過一個說法，汽車旅館經常是外遇抓姦的「必『爭』之地」，因此汽車旅館業者還設計了防抓姦的「脫逃通道」方便房客使用。但是日治時期的臺灣並沒有汽車旅館，我們不禁要問：日本時代的外遇男女都在哪裡偷情？

讓人驚訝的是，大多數的外遇，都是在耳畔廝磨、床上雲雨的時候被發現的，讓我們忍不住想到那句成語：「捉姦在床」。雖然沒有具體的統計數字，但要說外遇的地點，外遇對象的家，甚至是床，如果沒有第一，應該也排得上第二。如果從外遇的結構與因素來看，其實並不難理解。如上所述，外遇的對象以鄰里往來最為常見，那麼遠行的機率就相對降低很多，要想理由到外地偷情反而變成是棘手的做法。再者，形成通姦的條件是已婚女性與本夫以外的他人發生性行為，而發生

5-09
日治時期臺灣仍存在農業社會的地域性，人際關係緊密連結，若是發生婚外情，對象常常是同地方的居民。

5-10
眠床。
日治時期臺灣的通姦是已婚的女子與其他男性發生性行為，所謂「捉姦在床」，從報紙報導或法律判例來看，眠床在日治時期確實常常是抓姦的第一現場。

性行為的空間，自然就以床最為常見。所謂抓姦須在床，並非無道理。

從徵信社的興起也可看到臺灣人對抓姦觀念的轉變。日治時期抓姦是為了面子、為了倫理、為了社會風氣，外遇違反家庭秩序和社會倫常，當然要抓，但現在抓姦已經不只是為了這些原因，更重要的是在於被背叛時，在訴訟中仍能保全自己的權益或利益。這樣看來，徵信社就是一種專業，不是隨便拍幾張照而已。但日治時期沒有徵信社，相機設備不僅笨重難搬運，昂貴的價格讓它成為還是沒辦法人手一臺的奢侈品。沒有相機，抓姦主要還是要靠元配自力救濟，方法也很原始，靠元配的「眼見為憑」。不過也有人是已經被抓姦在床卻仍然死不承認，這時只好靠其他的方式來證明，整個抓姦行動可說是一種諜對諜的交手過程。一九二七年，嘉義市場的清潔工某甲之妻為臺灣總督府專賣局出張所（分局辦公室）的洗瓶女工，甲妻和職工工頭某乙眉來眼去，暗通款曲。而甲乙兩人向來就是熟識，多了這一層「關係」後，某乙往來甲家更勤了，當然醉翁之意不在酒。畢竟紙包不住火，曖昧關係終於被某甲知道了。但他不動聲色，要找機會棒打這對野鴛鴦。一天，甲妻與某乙正在烏山雲雨的時候被甲遇見，這次可讓他逮到機會了，甲連忙呼來眾人，趁兩人水深火熱、雲雨正濃之際，一群人高聲叫喊，一擁而入，床上的兩人連忙起身，扯衣蔽體。沒想到驚慌之下穿錯衣物，兩人誤穿了對方的褲子。雖然兩人對於外遇行為極力辯解，但誤穿的褲子成為絕佳的證據，雙雙被送至嘉義西門警所留置。在沒有汽車旅館、數位相機和徵信社的年代，抓姦除了技巧，真的還要靠點運氣才行。

大老婆的復仇：外遇的懲罰

現代人遇上外遇或通姦這種事，告上法院以求法律保障可能是稀鬆平常的事情，但是當時的人是不是這樣想呢？法律是不是真的能有效地讓外遇者受到懲罰？像是本文一開始就提到的例子，本夫告上法院本是想要懲罰外頭的姦夫，沒想到卻讓姦夫逍遙法外，自己的妻子身陷囹圄，如果法律達不到自己想要的效果，民間就會自然產生符合民間期待的處理方式，自己料理。

再說，在某些方面，日治時期臺灣社會的地域色彩仍十分濃厚，地方上的人物或活動，往往緊密結合，就像是一個小小社會。拿外遇來說，雖然法律上有一套提起訴訟的程序，但或許是與其等待漫長的訴訟結果，還不如民間自己來制裁來得痛快。展開相關資料細細閱讀，民間自己的制裁往往比循求法律

5-11
法院。
日治時期臺灣人已經學會透過法律保障或爭取權益。妻子與人通姦，丈夫可以告上法院，不過法院判決未必完全符合原告的期待，過去就曾發生本夫提出通姦告訴，姦夫卻以不知女方已婚而免於受罰的例子。

途徑來得快且手段激烈。

例如說，大老婆或正牌老公的復仇。復仇的對象也分兩種，一種是自己外遇的另一半，另一種是另一半「偷吃」的「菜」。

一九二五年，基隆上演了「刀斬姦夫」的一幕。中和的李家媳婦和邱家兒子結了一段露水姻緣，李家婦的丈夫知道後，潛入室內，以刀斬姦夫，當場血濺滿地，外遇的媳婦也從熟睡中驚醒逃脫走。事後，邱男被送入板橋的醫院治療，動手的李家兒子被警方逮捕訊問，沒想到外遇的李家媳婦還到醫院探望邱男，兩人親愛如故，有說不盡的纏綿話，真教這位丈夫情何以堪。

日治時期對付外遇者的不只是可憐的元配，甚至是自己的親屬，不滿手足背叛婚姻而外遇，屢勸不聽之下也會大義滅親。一九三四年，新竹發生了「火諫親兄」的故事。新竹有一對兄弟彭日有、彭日和。哥哥日有婚後和同庄的梁氏外遇，不僅疏遠自家，連起居都到了情婦梁氏家作息。一日，日有返家，弟弟日和勸阻哥哥歸返家庭，不惜以法律制裁之。殊不知日有不聽，反而和日和發生口角。於是日和來到哥哥的情婦家，於茅草屋放火以示警告，所幸及早發現，沒有釀成災禍，但哥哥仍毫無改悛之意，弟弟為使哥哥回頭，約了朋友一起

一對野鴛鴦
在同衾中被夫發見
姦夫被刺身受重傷
裸體逃出觀者甚衆

5-12
這是一九三二年發生在臺北市的通姦報導。
本夫發現妻子與人通姦後以刀怒刺姦夫，圍觀者人山人海，最後當事人雙雙被留置調查，
這是日治時期通姦相關報導的典型例子。

再到梁家第二次放火，結果放火的兩人被警方逮捕送辦。只能說，用意雖好，手段可議，若要勸人斷孽緣，還是要慎選方法，免得人心勸不回，自己也「撩落去」。

這種「以死相諫」、「以死相逼」、「以死相勸」的例子，在日本時代的臺灣社會還真不少。

至於給外遇對象警告的，在日治時期也不乏有人。大約是在一九三〇年代末，新竹發生了一件縱火案件，一名懷孕九個月的婦人放火燒了另一名婦人的住家。原來，孕婦的丈夫和住在附近的婦人發生婚外情，就和一般的連續劇一樣，這位太太對公婆孝順，對子女也是細心呵護，是一個用心持家的賢內助。新婚的時候夫妻自然恩愛有加，但隨著時間一久，丈夫外遇的閒言閒語傳進了耳朵裡，偏偏這時她又懷孕了，移情別戀的丈夫開始疏遠自己，不僅以「怎麼不去死死算了」、「給我去死」等言語咒罵她，還不時對她冷嘲熱諷，甚至拳腳相向。受到家暴的元配悲憤不已，也曾試圖跳桃園大圳自殺來結束悲慘的婚姻生活，但因鄰人的勸阻而沒有自殺，殘活下來。

一九三七年的某天下午，這位可憐的太太在某鄰居的客廳中，撞見自己丈夫正與外面的那個女人卿卿我我，兩人恩愛不已，一時憤悶滿胸，怒氣攻心，破口大罵這對偷情的男女。沒想到自己的丈夫卻惱羞成怒，奔到庭院裡撿拾石頭丟她，返家後又是對她飽拳一頓。想到枕邊人已經變心，她輾轉反側，徹夜難眠，半夜三點多，她就來到第三者的住處，最初只是放火燒了旁邊的甘蔗園，最後卻連第三者的家宅一併燒毀。

元配妻與本夫（法律上的合法丈夫）的復仇，除了法律約束和打殺報復，還有鄰里間的道德制裁。過去因為生活圈局限在小小村落的緣故，鄰里之間所形成的輿論力量是很大的，一旦外遇受到街頭巷尾的非議，就很難在地方上立足。而民間對外遇的批評非常嚴厲，若不是特殊案例，他們動輒以「野鴛鴦」、「狗男女」、「姦夫淫婦」等詞彙來指涉那些外遇男女。特別是對外遇的女人，不論是已婚或未婚，過去社會對女性必須堅貞或忠貞的期待很高，女人要是外遇被發現，眼前所面臨的不只是婚姻是否能繼續下去，光是那些接踵而來的責備與批判，壓力的內外交相逼，迫導致很多女人在被發現出軌之後，因無法面對往後的生活，只好選擇一死了之。一九二七年，屏東陳姓人家的媳婦李氏和情夫的「醜關係」被丈夫發現，在寢室中自縊而亡。

一九二五年，臺南一位姓德永的日籍巡查和庄內婦人王氏姦通，被王氏的丈夫蔣馬發覺。不久後的某日，德永巡查來庄內募集寄附金之際，還被數十名臺灣人圍毆，奪取他的配劍、上衣、警帽，後來蔣馬一干人等還會同當地保正一同前去會見

5-13
巡查通姦遭庄人追打。

這位德永巡查的長官。配劍、警帽等裝備，對警察來說可是權威的象徵，德永巡查因與庄人姦通而被奪配劍、脫去上衣，對他而言想必是極大的汙辱，何況還被痛打一頓。可見對外遇、通姦的制裁不分臺灣人、日本人，該打的，該揍的，一拳也不會少。

一九三〇年，永靖的張福生與周充之妾金鳳私通。周充知道後，不思自己蓄妾為不德，也不顧己妾與人私通之不是，決意報復福生。周充和金鳳約好，自己躲於庭院假意外出，由金鳳之妹以姊夫不在為由，邀約福生前來，福生不疑有他地來到金鳳家。福生入門脫去服裝之後，金鳳隨即以刀割去福生的生殖器，福生痛苦不堪地跳出庭院，又被藏匿在院中的周充以擔棒從後腦重擊，身受重傷，返家後倒地不起。但是，鄰里之間得知此事，竟云福生和與他人之妾金鳳暗通款曲，有加以重罰之必要，足見輿論對外遇的批判有多強烈。

那晚之後：外遇與重婚後的問題

外遇之後，讓人頭痛的可能不只有昨晚的宿醉而已，還有昨晚留下的問題。

外遇如果只是一段露水姻緣、一夜激情便罷，但若留下

5-14
非婚生子是婚外情的「後遺症」，已婚婦女與他人通姦生子，或可隱瞞，回歸夫家；但已婚男子若有私生子，小孩的生養就成為女方的工作了。過去臺灣社會對私生子投以異樣眼光，多有民眾投書報刊，陳述對私生子的同情。

非婚生子，那就是一個大問題。一九三六年，一位事業有成的四十歲已婚男子，坦承自己在年輕的時候做過的荒唐事。他在二十五歲時和妻子結婚，妻子的妹妹因故也來同住。近水樓臺之下，這位事業家和小姨子日久生情，發生了肉體關係並產下一子一女，同一個屋簷下豈可容得下兩個家庭，於是他將小姨子及一對子女送到郊外安頓。轉眼間這個非婚生的兒子已經六年級了，成績非常優異，畢業後應該可以順利進入師範學校就讀沒有問題，這位當年一晌貪歡的父親看著日漸茁壯的兒子，心中滿是懺悔，因為自己和小姨子的不倫關係讓他承受私生子的不名譽，總是被人說自己沒有爸爸，對這個孩子將來的發展也造成影響，懊悔不已。

至於臺灣人的蓄妾，因法律上有一解套的認定方式，會因蓄妾而產生的問題主要並不在法律面，而是妻妾不合的家庭革命，再不然就是經濟壓力的問題。

嘉義水上某黃姓保正家中的一妻一妾素來不合。某日兩人又生口角，盛怒的妾持臺灣刀刺入情婦右頸，深至血管。正謂「保正不正」，才惹出一屋子麻煩，這下可得在兩人之間好好周旋調解一番了。

經濟壓力也可能逼得男人不得不「跑路」。一九二六年臺中柳町的張某年近天命，但因妻子身體羸弱，不得飽其欲望，

5-15
在地區空間仍明顯的地方社會中，鄰居間的街談巷議，也有可能一不小心就讓小事變成煞有其事。

張某於是再娶鄰近某女為妾。初頗得意，但一整家人僅靠張某營生，家無恆產的張某漸漸地開始感到吃不消了，家計負擔太重之下，他竟然丟下家中妻妾逃去他處，留下三餐不繼的妻妾。數日後，妻妾接到張某的來信，信中曰「如我之落託，三餐且不繼，安得金屋藏嬌。既不得達吾志，唯死而已。」妻妾讀信後大吃一驚，怕張某尋短，速向派出所求援尋人，終於找到揚言尋死的張某。所以說，想要妻妾成群的男人，如果不顧自己的口袋有多深，只想著娶妾滿足生理的欲望，就會像張某這樣的結局，把整個家庭和自己的人生搞得像一場鬧劇般，永無寧日。

疑似外遇的不白之冤：不是外遇的外遇問題

另一種情況可說是本身雖不是外遇，卻也受到外遇之累。日治時期，無論是臺灣人或日本人，對女子名節的清白都十分重視，對女性的身體，雖不至於到「禁錮」的程度，但守身如玉的忠貞情操，始終是被鼓勵的美德之一。在這樣的價值觀之下，外遇當然是不被允許的，甚至是「疑似外遇」，也同樣會對家庭造成不小的波瀾。一九三六年，某位已婚婦女新婚才年餘，有身孕且即將臨盆。因為家裡空間很大，於是他和丈夫協議將家中的一個角落出租給一對父子。一天夜裡十一點多，丈夫工作還沒回來，她則在一間未開燈的房間裡，邊整理衣物邊和這位父親聊天。聊著聊著，丈夫回來了，看見自己的妻子和另一位男子在深夜中獨處於幽暗的房間裡，氣急敗壞地質問她：「妳在這裡幹什麼？」任憑妻子如何解釋，都不願意相信妻子仍是清白之身。在丈夫盛怒之下，這位委屈的妻子只好先回到娘家暫住，一方面等待著肚子裡的孩子出世，一方面也苦惱著不知如何讓丈夫消氣。

一九二七年，家住桃園的袁連財因妻子幾天前私自離家，懷疑她有外遇，待妻子返家後毆打數次，不堪暴力的妻子只好連夜逃往叔母家躲避，連財氣憤之餘，竟想不開地在臥房中懸梁自盡。

舊人的眼淚：被背叛的痛苦

「孤幃寂寞暗傷神。又見堤邊柳色新。自嘆不如梁上燕。雙雙相伴往來頻。」這是一首寫在一九三二年的詩。日治時期臺灣知識分子之間雖已有鼓吹婦女地位應予提升的言論，但「兩性平等」的觀念仍尚待養成，知識分子尚且如此，一般民眾就更不待言。整體來說，日本時代主流的社會觀念為男人開

5-16
舊人的眼淚

關了享受齊人之福的空間，卻沒有給女人同事二夫的地位，當這頭大家笑迎新人，卻很少有人回頭去為那頭的舊人拭去被背叛的眼淚，為她們體會那種衾寒情冷、空閨獨守的寂寞，無助心寒誰人知。

老婆跟別人跑了，男人大可再娶，但老公另娶別人，對被遺棄的女人來說，一切可沒這麼容易。當年託付終身的良人變了心，大老婆能怎麼辦？現在的女人大可以找徵信社跟拍、蒐證、抓姦，接著談監護權、贍養費、分財產；但是以前的女人，評估自己擁有的能力與財力之後，能做的恐怕只有一哭、二鬧、三上吊了。

雖然知道丈夫外頭有女人，揩來大批人馬前去教訓外面女人的強悍大老婆也有，但更多的是為了種種原因而在丈夫外遇之後隱忍不發的元配。

我們看到日治時期好多身為大老婆的女人，在良人另結新歡之後，選擇忍氣吞聲，無論用什麼方式，最好的是能與新人和平共處，最怕的是遭到妾室與丈夫的排擠，那生活真是墮入永不見天日的黑暗中。

當然，她們如果不願與她人共享枕邊人，也可以選擇結束婚姻，用離婚解決糾纏複雜的家庭關係。只是，離婚往往不是棄婦的首選，原因可能有很多。首先，那個時代臺灣社會中不願成為棄婦的觀念還是根深柢固，離婚的女人不但在社會上視為被退貨，女人一旦離婚，也擔心死後無所歸。再者，若因丈夫外遇而自己被要求離婚，意味著在兩個女人的戰爭中自己是敗北的一方，基於要爭大老婆的那一口氣，很多在婚姻中遍體鱗傷的女人寧願委屈求全，也不願敗下陣來請求離婚，反而不可思議地願意和這個人心不在的男人做形式上的合法夫妻，其實這些「堅守陣地」的女人，被丈夫冷落後的婚姻生活看了頗令人心疼。

這些拿自己的人生捍衛婚姻的元配們，如果熬不過去，選擇自殺結束生命的大有人在。報上形容臺中的米商賴某是「色中餓鬼也。年近知命，猶不修行，者番再娶某甲女為妾，荳蔻初開，又有幾分姿色。自入門後，盡日埋頭其中。」元配因爭房事，屢興家庭風波，但她深知自己已「紅顏改色，終非妾敵，遂萌生厭世之念」，趁家人不備，吞下大量煉油自殺，最後被家人及時發現而撿回一命。

日治時期臺灣社會中像這位吞煉油自殺的大老婆不知有多少人，投水的、跳運河的、上吊的、吞藥的，好多苦命的元配死守到最後，竟選擇用這樣的方式做為婚姻的結束，令人感慨又惋惜。現代的女性看到那時候女人的處境，除了慶幸這個時代女性有更多的選擇之外，是不是也會感嘆「女人何苦為難女人，自己何苦為難自己」呢？

妾為爭寵仰藥自殺有之，妻妒妾得寵而虐待者有之，妾不堪虐待逃跑以致丈夫欲狂，妻悔醋海興波者有之，妾傷害或殺害嫡生子的新聞有之，丈夫在妻妾之間床頭金盡，妻妾均向法院請求離婚者亦有之，這就是人，這就是感情，這就是生活。

當外遇的名人又被記者當成明星一樣追著跑，或是搶著麥克風在記者面前邊哭邊訴苦，當大老婆、外遇的丈夫、第三者都光鮮亮麗地出現在鏡頭前面，讓你搞不清楚他們之間到底誰是受害者、誰是第三者，當徵信公司越來越多，當你邊看電視邊罵誰誰誰介入人家婚姻搞破壞，我們都在親身體會原來這就是感情。從日治時期到現在，看了越多例子，越明白法律上或許有犯罪與否的問題，但感情裡卻沒有絕對的對與錯、好與壞。唯一不變的，或許是在另一半發生外遇甚至是通姦的時候，這些身心都受傷的人心中都想說一句：請你記得我的好。

老夫納小星
婦自殺不遂

嘉義市北門町六丁目一一佘木。年五十七。妻佘許氏結。年相若。今回爲木納一小星翁氏玉蓮。年二十四。結憤慨生出悲觀。去一日午後一時頃。在自宅嚥下石炭酸水。以圖自殺。苦悶中。被家人發見延醫救治。幸免生命之憂云

5-17
一九三四年嘉義某年近六旬的老翁娶芳齡二十四的女子為小星（妾室），元配不甘，勃然大怒之下喝石炭酸水自殺。不少例子男子納妾導致家庭糾紛，「齊人」享的未必是「福」。

行き先はそれぞれにしよう：お別れと離婚

勞燕分飛各天涯：分手與離婚

下一個情人會更好：分手
勞燕分飛各天涯：離婚 ◎ 婚姻的末班車：離婚理由
萬事不如沒事：調停 ◎ 梅開二度：再婚

古云：「冤家謂仇讐也。」古今文人多用冤家稱夫妻，冤不簇不成眷屬，無冤無家不能夫妻，有人從冤家變親家，有人再從親家變冤家，可見初時情若濃，離時怨深恨亦深。

不是每個戀曲都有美好回憶，即使已經結為夫妻，卻未必能保證天長地久。兩人如果走不下去了，也不一定要勉強繼續在一起。當時「○哥」、「○妹」的甜暱，今朝卻成「先生」、「小姐」的情冷，心連口，口連心，心變措辭也不同，這些都是感情貶值又變質的徵兆，有情人特別敏銳。

6-01
牽手。
古早時代原住民稱另一半為「牽手」，這種稱呼沿用至今。古代有「執子之手，與子偕老」的名句，現在情侶用「分手」指關係斷絕終止，真是再適合不過了。

下一個情人會更好：分手

記得小時候，和好朋友吵架時總是伸出兩隻食指相連，比成一座橋的樣子，和對方說「切八斷」，對方如果以手刀從中切開，表示同意雙方從此斷絕友情。臺語說情侶分手也叫作「切啦」。分手，正如同字面上的意思一樣，代表著某種關係的斷絕，需要透過一些儀式來彼此確認這最後的「共識」。清代許多有關於臺灣平埔族的文獻記載，平埔族稱妻子為「牽手」，如此一來，臺灣人稱斬斷情侶絕關係為「分手」，似乎也很貼切。

分手未必都是兩人不再相愛，有時是被迫分離，但無論是哪一種，日本時代的男女似乎很少選擇什麼也不交代、不說明，就默默地各自勞燕分飛奔天涯。換句話說，是解脫也好，是痛苦也罷，無論如何，總還是要經過一個儀式來確認彼此關係的終結。曾有某女屈服於家長安排的婚配，而不得不與心愛的男朋友分離，男方在報上看到女方的訂婚消息後如晴天霹靂，立刻發出電報和女方確認此事。兩人見面後，女方哭著對這位無緣的戀人說：

「我的雄：你還誤解我的心情呢？深深沉愛你的心潮，除了天地以外，卻無人可能知道的，接了你的信的時候，整個的心，如中了毒箭似的，疼痛得不能撫摸了，生為舊家庭的女子，一時失掉了勇氣，以致婚姻的錯誤，這是完全歸罪於我，過去的一切……不知道你能赦免我嗎？」

男方看到心愛的人悲傷淚流，心中自然不捨：

「唉！玉妹，這是我的無可來享受著好伴侶，我不怪你了，我們的錯誤，就是為了封建社會的遺毒所犧牲，你的芳心我已明白了，你是有夫之婦，我亦無法可來愛你了，我好期待著你們恭喜的日子，竝祝你們的幸福。」

至於那個年代分手的原因，雖然五花八門卻也大同小異，有的是個性不合，有的是家長反對，有的是成名後拋棄對方，也有的是破產後遭對方拋棄，還有的是一方即將遠行，兩人在碼頭邊的分別竟成最後的告別。有一位母親回憶起年輕時曾有一個男朋友，這位男友在前往海外留學前向她許下誓言，無論如何不變心，在那個陽光溫柔灑在兩人身上的港邊，他們做了最後的分別，第二天她的男友便乘上輪船，航向另一個國度。然而這岸的女子沒有守住兩人的誓約，遠渡重洋的男方在學成歸國之後發現昔日女友已成人妻和人母，受了極大打擊，瞬間覺得大地都震動起來，沒辦法，失戀就是這麼令人感到世界毀滅的事。

6-02
如果愛情得不到眾人的祝福，為了替兩人的未來找活路，也有情侶約好碼頭相見，協議私奔。

不過讀讀日治時期臺灣愛戀主題的通俗小說，父母代為安排婚配對象，幾乎可說是最常導致情侶相愛，卻不能相守的主因，看破當時眾多佳偶變怨偶的例子，若非各願分離，他們戀愛的最大束縛經常是舊禮教的婚姻制度。畢竟縱橫整個日治時期，孝順仍是臺灣人追求的不二美德，雖然也有知識分子提倡自由戀愛，但在舊傳統前壯烈犧牲的愛情也時有所聞。例如一位名叫冰姿的女子約了她的情人俊雄在某夜相見，她哽咽地告知俊雄，自己即將婚嫁離開家鄉的消息。俊雄一時無法接受：「妳從前不是說我倆要實行愛的工作，建設樂園的婚約嗎？」身不由己的冰姿於是選擇信守自己的諾言，抽噎地說願意和俊雄「同去追逐紅拂私奔的後塵」。可是，這廂要私奔了，那廂卻又不肯了，猶豫地說走上私奔一途將惹來人們的譏評諷笑，被拋棄的俊雄最後反而回過頭來安慰冰姿接受婚配的結果，自己來離開。綁著他們的頭腦和身體的，一切都是為了不違背舊禮教下的輿論。如果是像這種沒有第三者介入的分手，能氣憤誰呢？也只好「愛你不到，祝你幸福」了！

此外，在愛情之前男女平等，只有傷心人與負心人的分別，沒有性別的差異，雖說男兒有淚不輕彈，但日本時代的臺灣男人形象卻很貼近真實人性，鋼鐵心腸也會被感情所傷，甚至更有趣的是，或許是日本時代能舞文弄墨的性情中人以男性

6-03
分手之後，在夜裡燈下執筆追憶往日戀情的種種，寫下對情人的懷念，不但沒有破口謾罵，反而祝福對方早日得到幸福，頗見臺灣人的溫柔敦厚。

6-04
圖為清領時期臺南「府城」的「大南門」。清領時期臺灣尚屬前近代社會，有關夫婦離異的舊慣私法多對女性不利。

居多，通俗刊物上似乎絕情女多於薄情男，而且這些流淚的男人從不羞於表達感情的挫折與傷痛，經常投書自述哀情。例如某男寫給已琵琶別抱的女友一封信，原來兩人約好一同前往東京，結果相約的時間到了卻不見女方來赴約，男方孤單地踏上甲板，到了東京之後聽友人說見到昔日女友已和另一男子在臺北街頭成雙成對，這位傷心人只好獨自在異鄉療情傷，並把經歷寄書報刊，為情感尋寄託。

有情人面臨無情的分手時刻，不約而同地寫出最後一封信來為逝去的感情畫下句點，而這封寫給無緣的情人的告別書雖然不見得真的寄出，但幾乎可以看出一個共通的基本模式：首先，這封信會有一個充滿悲情的開頭，可能是觸景傷情的場面，可能是在街頭看到愛侶卿卿我我的甜蜜，也可能是秋冬蕭瑟的風景，他們總在悽愴悲涼之中，陳述自己明白對方已經對逝去的戀情冷漠、冷淡，而近乎乞求地希望，移情別戀的收信人能耐心看完這封自己字字血淚的信。

接著，他們會細細地回想過去美好的時光，花前月下的海誓山盟，並強調自己深信並堅守著這些互許終身的誓言。奈何桃花雖依舊笑春風，人面卻已不知何處去，離別前的最後一面往往最為刻骨銘心，他們繼續悲情陳述分別過後自己過得如何悲傷與痛苦，如何面對淒冷的環境仍忘不了對方的風采。

滿紙心酸淚，逝去的戀情如覆水難收，一切終無法挽回之後，他們仍不忘要深深地祝福對方從此過著幸福快樂的日子，沒有怨天怨地、破口大罵或詛咒對方，反而是以「祝你們幸福」、「願幸福之神，永遠地隨著你」、「我時刻都祈禱她早一天趕到幸福的城裡去」、「我只祝禱幸福之神，永遠地跟著你們」，作為傷心人對逝去戀情的最後告別，自己雖然痛苦卻仍然祝福對方，讓人感受到日本時代臺灣男女的純樸可愛。

不過，不是所有的情侶分手都是這麼充滿無奈的，由於法律沒有對於情侶的認定與約束，因此純粹的情侶分手，並不涉及法律責任，只要口頭協議或寫封分手信即可。但人與人相處是種智慧，相愛過的人無法繼續下去，要怎麼分得圓融漂亮真是一大考驗。說起來簡單做起來難，分手兩端要選擇好聚好散還是惡言相向地一刀兩斷，說真的，很不容易，日本時代臺灣就曾經發生過昔日情侶在報刊上刊文對罵的事情。

一九四〇年的臺北，報刊上好幾期連續刊出一對男女投書的文章，雙方在爭執初期僅是執意對交往的過程爭個真相，爭執點大致為，男方是否覬覦女方的貞操，而女方又是否曲解了男方的心意，其實事情並不算太嚴重。但是隨著雙方越見「談不攏」，女方威脅著對方「若不提早覺悟，我當有把你和盤托出、揭開黑幕的一天」，男方也不甘示弱地回嗆，自己將「替社會剝下你這不知廉恥的臉皮，免教後生學你這種無恥的行動！」事情的發展開始從爭真相變成爭高下了。

很快地，兩人的爭論從對細節的斤斤計較，再變成人身攻擊，「窮光蛋」、「瘋婆子」、「你真是不知自己的香臭」、「不知廉恥沒有節操」、「情場的詐欺犯」、「你不要這樣吠個不了」、「我倒要拿起『照妖鏡』照出你這個妖女」、「淫奔全島」通通出籠。中途也曾跳出數人試圖扮演兩人的和事佬，最後卻加入戰局打了好幾回合的唇槍舌戰。

這樁公案的最後，引來好多讀者去信雜誌社，要問徐、姚兩人戀愛的紙上官司，想知道他們兩人的本名與住址，甚至有讀者說，兩人的戀愛劇比觀電影、看小說還有趣，簡直就可堪為讚賞之藝術的傑作，希望兩人繼續進入長久建設戰！實在是探八卦的心情，古今皆然！

勞燕分飛各天涯：離婚

離婚與分手，本質皆為原先和合的兩人關係告終而分離，看似相同，其實夫妻離婚比情侶分手要來得複雜得多。要論離婚，得從日治以前的臺灣社會說起。

清代統治下的臺灣夫妻，要離婚有幾種情形。第一種是

6-05
清代法庭。
清代地方官不僅身兼行政、司法工作，司法上也沒有刑事、民事的分別，夫妻如有婚姻爭執，也是向地方官提出訴訟，不過地方官未必了解人情往來，若由地方有力人士或意見領袖居中協調，效率與效果可能都不低於訴訟。

「兩願離」，也就是夫妻雙方皆同意離婚，這就是清律載明的「若夫妻不和諧，而兩願離者，不坐。」不過，表面上是「兩願離」，但實際上在傳統家庭文化中，女性並無提出離婚要求的主動權，「兩願離」的婚姻終結，其實還是出自於男性的意願。再者，夫妻離婚時，妻家須將當初結婚時夫家所付出聘金的一部分，甚至是全部歸還夫家，這對一般人家而言，要在短時間內拿出高額金錢簡直比登天還難，這常導致妻家即使心有餘但力總有不足。

第二種是夫亡後妻再嫁。日治以前的臺灣社會，男子亡妻，續弦容易，女子亡夫，可不能自行再嫁，這是因為男女的婚姻關係並不會因為夫死而結束，未亡人仍然持續與夫家保持親屬關係。妻子若要再嫁，或是回歸本家，須得到夫家父母的同意才行，夫家家長甚至可以逕行將寡婦嫁賣他人，當事人只能被動接受。

第三種為「七出」。所謂「七出」，是指「不順父母」、「無子」、「淫」、「妒」、「有惡疾」、「口多言」、「竊盜」等七項罪惡，這也是女人在婚姻關係中被判出局的準則，女子犯了「七出」，幾乎就是在婚姻中被判了死罪，被判死刑的人，是不可能再重回婚姻市場的。仔細觀察「七出」，這七項罪名根本不完全是女子的責任，像「無子」、「有惡疾」，女人根本沒有避免的能力，而「口多言」更是表現出長久以來女子被簡化為生產與勞動力的社會價值，動手就好，少動口。在整個地方社會皆被這樣的性別文化籠罩下，被「七出」的婦女幾乎可說是沒有梅開二度的可能。

最後一種是「義絕」或由妻子向官府訴離，不過根據研究，「義絕」幾乎沒在臺灣被實行過，至於妻子請求公權力介入訴離，則多是諸如丈夫已失蹤三年以上，或是失蹤未滿三年但妻孥生活無以為繼等其他原因。但是官府多半還是任由夫家的意願為之，這個算是已被丈夫遺棄的妻子，仍然在親屬關係中沒有聲音。

換句話說，傳統的婚姻是極度男尊女卑的世界，除非是招贅婚或其他特殊情形，一般的常態婚姻中，男方或男家父母掌握婚姻的決定權，一旦丈夫或是夫家家長單方面宣告與妻子終結婚姻關係，女方幾乎沒有表達反對的權力，只能被動接受被遺棄的結果。但相反地，要是換做女方想離婚，除非是丈夫已經行蹤不明達三年以上或其他已危及生計的原因，否則女方無法主動請求離婚。也就是說，即使男方做了惡行卻不願和女方離婚，女方也不被允許擁有離婚的發動權。

總之，只有「男方要離婚」或「兩方協議離婚」，沒有「女方要離婚」這件事，女人的意願表示被排除在離婚的流程

6-06
妻在離婚時只能被動接受。

之外，最後變成明明是當事人，卻彷彿局外人一樣的怪現象。

那時候，男人如果要與妻子離婚，只要寫封休書聲明夫妻離異，再將休書轉交妻家甚至只是請人告知，婚姻關係的終止就算完成。中下層社會習慣則常由妻家準備一定金額的身價銀替自家女兒「贖身」，退回當初結婚時男方贈與的聘金，再立字據為憑。現在看起來，這種「永久鑑賞期，不滿意退貨」的行為實在很不合理，女人真命苦。

但是令人感到出乎預料的是，日治時期以前，臺灣夫妻的離婚率並不高。原因可能有很多。首先，在傳統中國文化裡，「離婚」是不被鼓勵的，連替人代筆、見證為業的代書，也不喜歡替人寫離婚憑紙。以前曾有一個習俗，代書若替人寫離婚憑紙，必須到屋外進行，寫完之後，使用過的文具也一併棄於屋外，不可攜回或再用，唯恐帶來晦氣。在這樣的社會風氣下，衍生出一種不寫離婚憑據，僅靠退還婚書即宣告雙方離婚的折衷做法，對照結婚儀式如此慎重、繁瑣，被視為人生大事，離婚卻是草草收場，人人唯恐避之不及，足見臺灣人對離婚的忌避。

除此之外，習慣上女方須退回當初結婚時男方致贈的聘金，許多人無力「償付」，致使許多丈夫雖然已經變心，本家也沒辦法替嫁為人婦的女兒「贖」回自由，只好就讓婚姻繼續

6-07
臺南地方法院與臺南監獄。
西式法律被引進臺灣後，透過法院的認定與判決，部分臺灣習慣被改變或消滅，其中包含聘金制度等對婦女不利的舊慣。不過，法令的改變獲得多少落實，則又是另一回事。

維持有名無實的存在。更重要的是，臺灣人的舊慣留給一夫多妻很大的空間或自由，男人即使不和元配離婚，也能以「妾」的名義與其他女人成為夫妻。既然男人不離婚既無損失也沒阻礙，離婚就變得不必要。男人的自私，反而毀掉了一個女人的美好青春，甚至整個人生。

但到了日本時代，改變產生了。

對於離婚，日治時期與過去最大的差別之一，是「會離婚，不只是我的錯」。過去總是一直享有扮演「婚姻終結者」角色的夫方，把夫妻離婚的元兇都歸到妻子去承受，不只是妻子犯錯「不好」，妻子「不夠好」也可能被丈夫休掉。雖然日本時代法院對離婚訴訟的判決還是蠻依賴《臺灣私法》來理解對於臺灣人的婚姻習慣，但是日本時代法院的判決顯示，夫妻離婚也可能是夫方犯錯，比如說夫殺害妻的親屬，或婚後行為構成對妻名譽的重大傷害等事由，都曾讓法院出手判決離婚。

法院在審理離婚訴訟時雖然參考在臺灣已行之有年的臺灣舊慣，但不是所有的習慣都被法院所承認，透過法院的認定，日治時期許多對婦女不利的習慣逐漸被排除與消滅，例如法院以婚姻不是人身買賣，以金錢為條件的離婚約定違反公共秩序與善良風俗為由，認定夫妻離婚時，男方不可再向女家請求索還聘金。不少臺灣舊慣，對臺灣社會的約束力在法律上都一步

6-08
印章廣告。
正式文書上總少不了印章作為憑證，因此刻印店的廣告在日治時期的刊物上很常見，例如臺北的「以文堂」就是有名的文具店兼禮品店，還兼刻印。

步被否定。

就統計數據來看，整個日治時期，就現有資料來看，臺灣人的離婚總數與離婚率歷年大致皆呈現緩步下滑的趨勢，但值得注意的是，每年由妻方提出的離婚訴訟皆超過半數，最高曾達百分之百，最低也有一半。雖然歷年的婚姻訴訟件數均不能稱多，但整體而言仍可了解已有女性在婚姻關係中勇於表達自己的意見，不能不說是一種突破。

真實案例能夠告訴我們近代法律是不是已經深入民眾生活中。一九三四年，臺南某陳姓婦人不安於室，多次與丈夫爭吵為求離婚。丈夫不允，陳姓婦人在無計可施之下，趁丈夫外出，竊取印章在離婚申請書上蓋印，並遞交當局完成離婚登記。直到丈夫偶然的洽公方察覺印章遭盜用，遂提出私印盜用之告訴。這只是一則地方上的紛爭，在報紙上所占篇幅極小，猶如曇花一現，但這背後顯示，最少在一九三〇年代，即使是一般的臺灣民眾也相當清楚離婚事務的法律流程，當自己的權利遭受侵害，當事人也知道如何透過法律途徑制裁犯罪者。當時臺灣人的世界絕不是亂七八糟、毫無秩序，最少在離婚這樣的民事紛爭上，甚至還可說是已經相當了解法律的遊戲規則。

整體而言，過去實行於臺灣的舊法，經過日治時期西方法的引進，無論是觀念上或形式上皆慢慢產生改變，離婚已從封建觀念逐步被解放出來。但就內容而言，離婚率的提高不一定代表民眾看輕婚姻的價值而任意分合，男方不能再隨自己意願單方面訴離，女性的主體性也在法律中逐漸被重視，權益獲得保障，日治時期判決離婚的案件中，通常是由妻子發起的。雖然部分細節仍脫離不了父權色彩，但婚姻的成立或解除更能尊重婚姻者雙方的意願，也未必是壞事。

舉例來說，一九二七年已婚婦女陳錦鳳因與婆婆、兄嫂不睦，向新竹州調停課提出離婚手續。女子也能逕行提出離婚申請，正是日治時期有別於過去之處。一九三三年，一位署名「薄命女」的女子提出她的疑惑。她是一名膝下無嗣的夫婦的養女，四年前養父母替她招了一位年長她十歲的男子為贅夫。但他在結婚未滿一年即離家出走，雖經規勸後返家，但未久又再度離家，且始終未盡人夫之責，沒有賺錢養家、照顧妻小。丈夫行蹤不明，小孩已經四歲了卻未入籍。養父母決定替她另覓良緣，但這位「薄命女」擔心自己的情況再婚是否犯了重婚罪？在法律上是否須經什麼手續認定？足見當時的臺灣人對婚姻的合法性已經懷抱相當的意識，而不是濫行為之。

然而我們也須了解，政權或許可一夕之間轉手，觀念卻難以霎時轉變，看看日本時代臺灣人訴請離婚的理由，就可以發現那真是個新與舊不斷交替與融合的世界。

6-09 丈夫賭博（右上）
6-10 丈夫花天酒地（左上）
6-11 被夫家虐待（右下）
6-12 丈夫失蹤，被惡意遺棄（左下）

婚姻的末班車：離婚理由

日治時期在臺發行的某雜誌曾經報導美國有位婦人，在十八年前嫁為人婦十三回，這位創下驚人結婚次數紀錄的婦人表示，自己尚未找到理想中的伴侶，所以反覆在結婚與離婚之間徘徊不定。

相對於這位美國婦女，日治時期臺灣婦女所提出的離婚訴訟中，離婚的理由顯得保守、苦情許多。除了那些丈夫亡故或行蹤不明的情況之外，無論法律認定哪些理由可以作為離婚的憑據，就實際例子而言，有不少女人是因為丈夫為了賭博而傾家蕩產，導致三餐難以為繼；或是往來於遊廓之間，棄家庭妻小生計於不顧；或是被惡意遺棄，無緣無故音訊全無，或是不堪被丈夫或公婆甚至是家中的妾室虐待。一九三一年臺北市永樂町的月裡，和丈夫結婚未幾即不能和睦共處，輪番遭丈夫、小姑及嫂嫂虐待，丈夫雖遭說諭卻不改本色，這次又聯合妹妹與嫂嫂謾罵、毆打月裡，月裡不得已逃歸娘家，並委律師提出離婚訴訟。像月裡這種可憐的例子，在日治時期非常常見，法院的民事判例中，不少妻子在夫家遭夫家家人虐待、毆打、侮辱或監禁而訴請離婚，一個個活生生的例子，幾乎可說是總要在犧牲了尊嚴以後，才能據此身心靈的創傷來換取往後的自由，生活景況讓人生憐。

除了身體上的責打或精神上的虐待，也有其他的理由讓男女以離婚收場。曾經就有這樣的例子，某女子從小為養女，等著長大和自己無血緣關係的兄弟「送作堆」。兩人成人、結婚後，妻子卻發現自己的丈夫無法人道，但為了報答養父母的養育之恩，雖有苦衷，也只好忍耐做夫妻。然而忍耐終有極限，在情與欲的驅使之下，她和另一個男人發生了關係，這時候被自己的丈夫發現了，女子遂被以姦通罪判刑入獄，直到出獄以後堅持與男方離婚，重獲自由，也解除了身體的禁錮。

離婚這件事，在日治時期雖然形式上看似西方化了，但民眾的頭腦裡有些迷信或陳舊觀念卻很難在一時之間隨風而去，除了一些法律上被允許的離婚理由，民間屢見一切奇怪的離婚理由，現在看起來有些讓人覺得既荒謬又有趣。比如說，一九三〇年高雄內門地區的婦女黃氏嫁與男子姚某為妻，但黃氏嫌其夫醜，又無才能，屢次與丈夫要求離婚。丈夫不肯，直說若要離婚，女方須退還當初男方所付之聘金。黃氏煩悶之餘，遂在房中自縊而亡。還曾有丈夫因懼「白虎不吉」，而以妻子下體無毛為由要求離婚，這些近乎迷信的傳統理由，讓今人感受到，還是有些前近代的魑魅確確實實地在臺灣人的心中作祟著。

萬事不如沒事：調停

日治初期，統治者面對的是一個不穩定的臺灣，這不只是建立整個行政體系的問題而已，要將日本攜來的一整套統治技術實行於臺灣，事實上本身也存在著許許多多的障礙，更何況當時臺灣各地抵抗日本統治的勢力蜂起，讓初來臺灣的日本軍民疲於應付，這樣一個各方面都亟待重新整理的島嶼，統治者在有限的人力、物力和財力之上，不願意花太多的行政成本與人力在民事事務上，造就了一九二〇年代以前民事事務以舊慣為參考的處理態度，既然沒有對統治造成直接的威脅，那麼一切依照舊時樣，過得去就好。

雖然一九二三年日本民法藉著〈臺灣民事令〉的施行進入臺灣，對親屬關係的認定依舊是維持參考舊慣的方式進行，避免行政資源過度流入司法領域，節省下來的資源可以轉而集中到其他領域。因此，離婚時雙方如果發生爭議，則視為民事爭訟事件，初步程序還是採取傳統的「調停制度」，簡單解決即可。

所謂「調停制度」，是在地方設有民事調停課或類似單位，民眾一旦產生民事上的紛爭，由調停事務官負責從中調解。至於調停事務官由誰擔任，每個時期不同，擔任調停事務

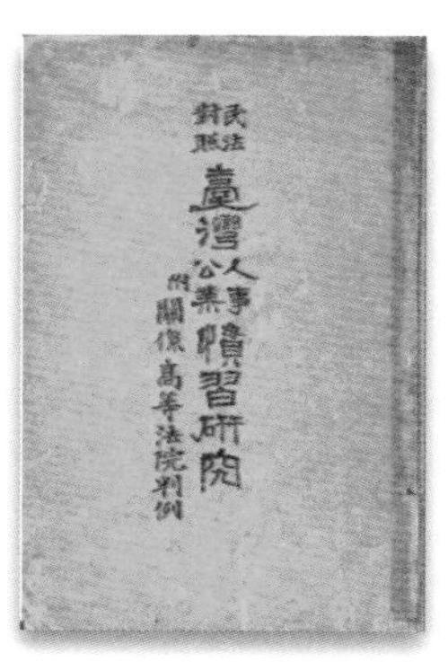

6-13
《民法對照臺灣人事公業慣習研究》除了記載日治時期臺灣人的親族相續、繼承、祭祀公業等相關法規外，也包含許多判例。閱讀本書，可以了解當時複雜多樣的臺灣人婚姻關係。

官的人也不一樣。但遲至一九二〇年代以後，地方州廳已經設置有專職的調停官。經調停官調解後的案件，其調停結果具有與法院判決相同效力，接受調停的兩造不得再將同一案件向法院申請判決。調停制度的實施讓法院必須審理的案件數量大大降低，節省了大量的行政資源。

調停事務官受理民眾的離婚調停申請後，會先調查申請書上所載明的離婚理由是否充分、屬實，接著協調雙方所提出的要求後，在「讓」的精神下，大家各退一步，對條件取得共識後調停成立，並將調停結果與協議內容寫成調停書，雙方的離婚協議成立。

無論是從法院判例，或從報紙報導，都可以得到調停離婚的例子。南投草屯的某林氏女，在一九二九年與陳某結婚，初頗相得，兩人並育有一子，但夫婿卻日漸放蕩，置家庭於不顧，林氏一人把持一家生計，終致不能自活，因此申請調停課，仰官調停兩人婚姻。調停課受理之後，有調停官偕通事來郡，聽完兩造陳辭後知破鏡難圓，遂以所生子歸男，調停使之離異。

日治時期民眾所提出離婚申請，無論是提起離婚訴訟或申請離婚調停，都不是任意的理由皆能做為離婚的依據，有些人知道自己放在心中沒有說出口的真正理由，無法讓自己順利從

6-14
保正與甲長是日本時代地方上的領導人物，遇到民眾有紛爭，他們常是居中協調的第一線人物。

6-15
許丙是日治時期臺灣知名人物，還曾被日本政府指名為貴族院議員。根據記載，因為具影響力，許丙曾協調地方上許多紛爭。

欲棄的婚姻中脫身，於是編織謊言做為離婚的藉口。這時候調停事務官也肩負起確認離婚理由屬實的工作。調停官調查後若發現調停申請書上具明的理由與事實不符時，也會否決此次離婚的申請。例如臺中某位調停事務官表示，曾有婦女表示丈夫沉迷賭博、散盡家財無以維生，因而請求離婚，然而經過調查後，卻發現真實原因是這位婦女另有情夫，原來婦人早已人在曹營心歸漢，當然這次的離婚調停被否決了。

另外還有一種民間的調停方式，主要是由保正或地方上的領袖，針對離婚或離婚後雙方的權益進行仲裁。最初多半還是勸合不勸離，在欲離婚的夫婦雙方中間扮演和事佬的角色，臺灣俗語中即有「寧拆十座廟，不破一門婚」的說法，總是希望破鏡能重圓。仲裁者問明欲離婚的原因，直到確定雙方都有意願離婚且無可挽回的時候，方允許之，並對子女、財產等進行分配。

梅開二度：再婚

所謂再婚，是指適法的婚姻效力解除或取消後，再與他人為婚姻者。一九二〇年代，俄羅斯因為第一次世界大戰、連番內亂以及地震之故，男子人數減少，導致再婚率較初婚率遙遙領先，成為反映當時社會的一時現象。

一九二六年，日本皇室成員山階宮武彥王因妻子佐紀子妃亡故，與梨本宮規子女王再婚，規子女王因此中斷在學習院專攻科的學業，也是一九二〇年代再婚的名例。

那麼臺灣人的再婚呢？

清代的臺灣，社會既已不鼓勵離婚，幾乎可說就更不可能鼓勵再婚。女子若喪夫，官方甚至曾經以發予年金的方式，來壓抑女子以「女人難以自持生計」為由再婚，俗語說「出嫁從夫，夫死從子」，連夫死都須從子而不能再尋第二春，就可明白整個傳統文化有多麼不鼓勵女子的再婚。不僅如此，寡婦也應盡量避免與其他男性來往以避人口舌，甚至在寡婦年滿六十歲以前，不可進出六十歲以下的男子家屋。無論如何，臺灣人說「烈女不嫁兩尪」，只有「烈婦」、「節婦」才是女子無上的美德。

此外，無論男女，若是喪偶後再婚嫁，都會進行一些特別的儀式，像是男人再娶時，須背包袱、持傘走過亡妻的棺材邊以示遠行；寡婦再嫁時，也要徒步從家門出，走至半路方可坐轎，沿途還得丟下舊衣物，以讓亡夫錯認未亡人外出。種種作為都可以看到臺灣人對再婚的忌諱。

到了日治時期，經統計，女子再嫁多為「死別」，即丈夫死亡。日治初期，日本統治者也曾獎勵烈女節婦。但時代總會變，我們從一則報紙投書可以窺知時代對於鰥夫寡婦再婚的看法。一九三二年，某位年輕的未亡人在丈夫過世之後，獨自一人辛苦拉拔兒子長大。這位少女寡婦對於是否再婚感到十分猶豫，原因在於雖然一人生活太過寂寞，也想讓孩子得到一個圓滿的家庭，但又擔心再婚後的家庭關係是否過於複雜？

關於這位寡婦的困惑，報紙專欄報以「如今，再婚這件事很普通」的答覆，社會對於寡婦一人孤單生活寄予同情，就這位婦女的情況，「因能養育兩個幼兒的幸福，對妳而言最好的方式就是再婚」，當然，年輕女性成為未亡人，在日常生活上必定會有些不方便之處，「我認為盡可能地避免這些不便之處是今日很普通的想法」。

由此可見，經過日治時期一段時間的推移，如果是鰥夫寡婦的情況，人們對他們再婚的評價已逐漸改變，喪偶男女的再婚行為不再受到嚴格的道德譴責。一九四〇年即有人以為「生活無依，寡婦再嫁。經濟有餘，悼亡續娶。其情皆無可奈何之舉。」其情可憫，對於喪偶的男女再婚，社會已經多了一些體諒。

但儘管如此，也不是全部的人都能勇於追求第二春，徐坤泉的小說《可愛的仇人》中，男主角的父親與女主角的母親分

6-16
節婦旌表與貞節牌坊。
日治以前無論官方或民間，都鼓勵女子貞節，日治時期官方曾旌表節婦。
一個旌表式、一座貞節牌坊，不知鎖住多少女人的一生。

別都是中年喪偶，儘管兩人互生情愫，但仍僅止於彼此關心、協助，並沒有結婚。

至於那些非喪偶的離婚，雖然比例上比喪偶再婚者來得少，但在社會重視人員的生產力之下，想必應該也有離婚後再嫁娶的例子，只是老話一句，日治時期的臺灣正處於新與舊、傳統與現代、保守與進步交替的時刻，只要傳統勢力仍然左右民眾的思考，離婚，特別是被「休」的女人，一定就不乏終身不再嫁娶的人。

有人說，人的緣分是「因誤會而結合，因了解而分開。」雖然有時候確實是如此，但每次讀到這句話，總覺得其中充滿對人們聚散離合的無力感。其實我們細細回顧日治時期情侶的分手或夫妻的離婚，已經不難感受到人們的頭腦雖然有時仍囿於傳統觀念的左右，但對於「分離」，無論是社會環境或人們的觀念，不知不覺中也已經衍生出部分的自主性，這算是可喜的事情。不過，在我們逐漸看淡生離聚散是如此時常又無常，或不再對於彼此關係的恩斷義絕懷抱小心謹慎的態度時，是不是有時也很簡單地以「緣起則聚，緣滅則散」為理由，將這些離合場面輕描淡寫地帶過，反而忘了珍惜得來不易的緣分呢？

日本時代情侶分手信大概是這樣的…

S女士：

開頭苦苦哀求對方，無論如何都念在過去的情感把信讀完，十分苦情。

我不自量地寫這封信，我知道你瞧著，你一定非常討厭，但是，請你憐著這不自量的人，念著往日的相愛，破費幾分鐘的功夫，來看這封信吧？

你不理會我，你撇棄我，儘你怎樣的把我撇棄，我絕不恨你，我絕不怨你。我實在有使你不滿意的地方，我實在有不得不給你遺棄的地方！但是，S女士！你儘管把我遺棄，我這給你的淚所潤和的心，我這一腔給你的情所燒沸的血，我這一股股為你的倩笑所振作的精神，現在已為你而碎，為你而枯，為你而憔悴了！這碎的心，枯的血，憔悴的精神，還是埋藏在你的心腔裡，而沒有退出來的，你幾時又能完全還給我呢？你不還給我這些，但，我這曾被溫存，曾被偎倚，曾被撫摸，曾被懷抱的軀體，怎樣再有所主持呢？

接著不斷地回憶交往時的甜蜜過去，三番兩次確認對方是否變心。

S女士！你真的騙了我了嗎？永遠的騙著我呵！以前的一切，怎能不給我回想呢？淡水河上的小艇，曾經載著我倆在明治橋下迴蕩，你握著我的手，靠在我的肩頭，你說情願一世的和我在這裡這樣的迴蕩。現在怎樣呢？你騙了我呵！島都的明月，曾經照著我倆在臺北公園的凳上小憩。你捉著我的臂膀，勾著你的頸項。你說，你的心，祇是一個沒有圓缺的月亮，永遠照著我的衣裳，現在怎樣呢？你騙了我呵！別說這些陳舊的事吧！便是這一晚上，我和你最後相見的那一個晚上，你總還該清晰地記著，窗外濛濛的下著雨，簷漏淙淙瀉著，你流著淚，……

雖說不說了，卻還是反覆回憶，說個沒完。

這些事不說了吧，說了也是徒增煩惱，還使你不快，但是，事在心頭，話在口邊，正和箭在弦上一樣，愈不說而不能，以前的一切，一年來的一切，在腦際洶湧，在心頭激撞，卻沒有鋒口的鋸齒，儘在心板上慢條斯理的鋸著，然而不回想又不能。……

結尾總要祝福對方能受到幸福之神眷顧。

S！韶光祇一霎，莫蹉跎過了呀！願幸福之神，永遠地隨著你！天呀！你鬆著你殘酷的手腕吧！

被遺棄了的T于東京

昔遊廓に在りて花柳に酔う：花街のいろいろ

昔在遊廓醉花柳：花柳風情與消費

「身」「藝」・生意：藝妓、藝妲、娼妓與女給
取次花叢，尋花問柳：男性的花柳消費
望「春」風：花柳二三事

不管身處什麼朝代，不管是動盪不安的戰火亂世還是雞犬相聞的承平之世，人類的基本需求總要被滿足，因而只要有人類社群，某些職業就必然存在。所謂「飲食男女，人之大欲」，果然是讓人不想也難，那麼，就讓我們不閃不躲、臉不紅氣不喘地來聊聊日本時代的「花花世界」吧！

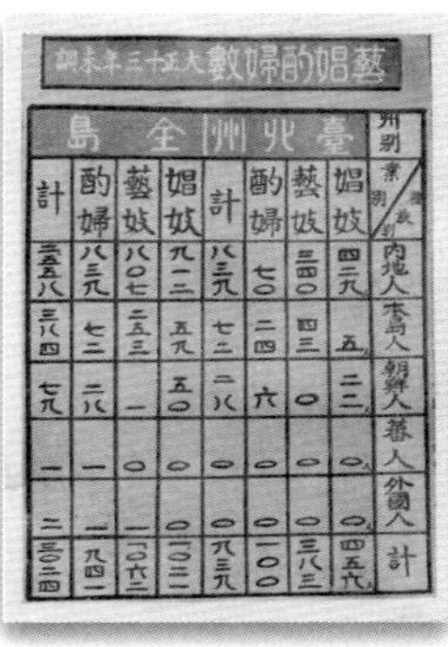

藝娼酌婦數　大正十三年末調

州別	臺北州				全島			
業別／族別	娼妓	藝妓	酌婦	計	娼妓	藝妓	酌婦	計
內地人	四二九	三四〇	七〇	八三九	九一二	八〇七	八三九	二五五八
本島人	五	四三	二四	七二	五九	二五三	七二	三八四
朝鮮人	二二	〇	六	二八	五〇	一	二八	七九
蕃人	〇	〇	〇	〇	〇	〇	一	一
外國人	〇	〇	〇	〇	〇	一	一	二
計	四五六	三八三	一〇〇	八三九	一〇二一	一〇六二	九四一	三〇二四

7-01
由統計可知，一九二四年臺灣的藝娼酌婦約有三千餘人，除了「本島人」（漢族臺灣人）、「內地人」（日本人）之外，還有原住民、朝鮮人與其他外國人。

「身」「藝」・生意：藝妓、藝妲、娼妓與女給

歷史上娼妓的別名很多，有表子、校書、煙花、牙娘、花娘、鴇兒、娘子、婊子、錄事、官奴、酒、錢樹子、風聲人等，不勝枚舉。稱謂繁多，顯示出風化行業漫長的發展與演化。無論是日本或臺灣，社會上都少不了情色行業，暫且不論日本，臺灣在日治以前的清領時期就有娼業，除了是人性需求的滿足之外，也和社會重男輕女的觀念、女性人身買賣等因素有關。不同於社會對於男性出人頭地、成家立業的高期待、高投資，女性的存在被簡化到不能再簡化了，就只是生產力的來源之一，大多數的傳統家庭也吝於對女性投下教育等無形成本，除非是出於特定的動機。就一般的社會價值觀來說，也沒有必要對女性特別投入心力。在這樣的觀念之下，除了生產之外，女性的價值如果只是在透過不停的勞動搾出更多的財富，那麼讓女兒賣藝或賣身也是一種營生手段、一種勞動。

日本統治臺灣後，最初因臺灣社會仍十分混亂，來臺的日本女性不多，風月場所一開始還是延續清領時期的發展，由臺灣女子擔綱演出。然而自一八九六年臺灣的統治由軍政進入民政，社會也較改弦易幟初期略為安定，日本的藝妓或娼婦開始渡海而來，湧入這個「新天地」，於是「船來」與「國產」穿

7-02
滿妓。
照片中的女孩打扮與臺灣藝妲雖略有不同，但年紀尚輕，圓臉上帶著稚嫩的清秀，頗有臺灣藝妲的味道。

梭在臺灣的風化業之中。

風塵女子分為賣藝和賣身兩種。「藝妓」是日本女子，僅提供陪酒、唱曲的服務，不陪男客過夜；而陪文人吟風弄月或唱曲吟誦的臺灣女子則是「藝妲」。「藝妲」有時也被寫成「藝旦」，藝妲們常由老藝妲收養，自小學藝，大約十二、三歲就開始工作，經統計，大多數的藝妲集中在二十歲以前，超過二十歲就屬於「資深美女」了。

藝妲的才氣高低決定了她的等級，若是才如詠絮或談吐不凡，都能使男客趨之若鶩，競相拜倒裙下。但無論是「藝妓」還是「藝妲」，因非以出賣靈肉為業，整體而言評價都比娼妓來得高。高段的藝妲甚至能得到社會的正面評價，日本時代的通俗刊物在介紹這些藝妲時，除了形容她們體態上「頰帶桃花，眉橫柳黛」，或是「明眸皓齒，嬝娜娉婷，雙乳高聳，玉峰對峙」的健康美外，也會強調她們個性婉約或多才多藝。例如當時一位名叫「雲卿」的藝妓，報上形容她「芳齡二九，粵籍，故有客人雲卿之號，工北曲，擅拳，豪於酒，交際場中，鮮無涉足，又擅操風琴，薰風一曲，令人忘返。現樹豔幟于稻江，門庭依然若市。」

曲藝高、名聲響亮的藝妲平時在藝妲間接客，身價不凡，但也有比較平庸的藝妲會應客人要求，離開藝妲間至他處接

7-03
臺北藝妓的音樂表演會，前排是演出的藝妓們，後排則是音樂演奏師。日治時期臺灣的日本藝妓通常身懷才藝，主要顧客還是以日本男性為主。

客，這種情況稱為「出局」。藝妲執業之前會在本名之外另取一藝名而以藝名行，日本時代臺灣有名的藝妲很多，如奎府治、小雲英、真珠、雲卿等，她們除了有姣好的容貌之外，才藝或唱酬應對的技巧也沒話說。

藝妓的服裝穿著主要是日系的和服，而藝妲則穿著漢系的唐裝旗袍，畢竟是靠臉吃飯的行業，對流行時尚與穿著打扮總是特別敏感與重視，加上收入較一般職業婦女為高，上海自從成為列強諸國的租界之後，各方文化隨著政治經濟的浪潮一波波地登陸上海，讓一九二〇年代的上海已是東亞流行時尚的集散地，臺灣的藝妲也能算是時尚界的一分子吧？他們甚至有人不惜從中國上海聘請對上海流行服裝扮相熟悉的婦女來臺為她們治裝梳頭，讓她們不僅能夠體態婀娜多姿，外型也絕對可稱走在流行尖端。藝妲起居處稱為「藝妲間」，曲藝高的藝妲大多在此招待客人，因此藝妲間通常裝潢得古色古香，別有韻味，以彰顯藝妲的品味。

一九三六年通俗雜誌《風月》舉行臺北地區的「名花」投票，隨刊附上選票讓讀者參與，雖然是藉投票以提高刊物銷量，但洋洋灑灑的「名花芳名錄」也讓人驚訝。更讓人眼睛一亮的是，候選名單中除了「藝妓部」與「女給部」之外，竟然還有「舞女部」，提醒我們日本時代的臺北流行音樂與

7-04
藝妲穿著漢服，靠藝為業，須有才學，除了腹有詩書之外，也必須有相當的外表。照片裡兩位藝妲都裹小腳，無論是倚立桌前，或旖旎斜坐，撥弦彈琴，都媚態橫生。

7-05
販賣歐美雜貨之商店廣告。
這家位於臺北市府中街的商行，販售各式歐美雜貨等流行商品，並以西洋高帽作為廣告意象，足見當時歐美潮流已是臺灣人追求的時尚指標之一。

7-06
美女與美酒。
巴黎人（Parisian）咖啡店廣告。廣告語寫著：「您知道嗎？樂天地的『巴黎人』！在這裡，每天都像『祭日』般和美女與美酒跳舞！」男客抽菸、喝酒作樂，短髮和服女侍陪笑，歡樂場上正是這般氣氛。

娛樂市場的版圖日漸擴大，帶來了新的職業：陪舞客跳舞的「舞女」。原來除了藝妓、藝娼妓和藝妲，還有次一級的「酌婦」。「酌婦」是日文，也就是「賣笑婦」，用現在的話來說就是酒家女。酌婦工作內容為陪酒客喝酒助興，有時也陪客人跳舞，多半以美色為標準，工作的本錢是要「能喝酒」，在杯觥交錯之間和客人交陪，因此對才藝較不要求，並非人人身懷絕才。酌婦依法是不能帶出場過夜的，不過也有些酌婦會偷偷陪客人過夜。當局會取締，抓到要處罰，報紙報導偶爾也會出現官方取締違反規定的酌婦新聞。

當臺灣出現舞女陪酒吃菜時，十里洋場的上海，同樣也有腰肢纖細的舞女，舞姿曼妙地在舞池中摟倚著舞伴，轉著圈圈。臺灣文學大家楊逵所寫的劇本《豬哥仔伯》即以舞廳為背景，穿著旗袍的舞女有的陪著酒客跳舞唱歌，有的則是勸酒吃菜，插科打諢，途中酒客還誤以為來應徵舞女的村女是「野雞」，不時對舞女上下其手地大吃豆腐，大手筆的常客酒足飯飽離席時可以記帳。

介於賣藝的藝妓和賣身的娼妓之間的是「藝娼妓」，藝娼妓除了陪客人唱歌餘興外，也與男客過夜，然須接受檢查。略能才藝，但畢竟賣身，評價不高。

至於娼妓，日本時代官方在臺灣實施公娼制度，娼妓業自此正式列入官方管轄的範圍之中，領有執照的是公娼，沒執照私密賣淫的就是私娼。臺灣人在習慣上對娼妓有兩種稱呼，一種是專以賣身為主業，稱為「趁食」或「趁食查某」；另一種稱為「半掩門」或「半掩門仔」，「半掩門」是為了生計而賣淫的一般女子，甚至是有夫之婦客串賣淫，和專職娼妓不同。不過半掩門未領有官方執照，並不合法，站在官方角度來看，也算私娼。根據日本時代有名的漫畫家雞籠生的說法，同時期上海人稱嫖私娼為「打野雞」。

日治以前臺灣人身買賣時有所聞，有些家庭因為環境貧苦或其他原因而將女兒轉賣他人，許多女子因此淪落煙花，因此，娼妓的來源有很大一部分是由「養女」轉賣而來。被老藝妓或老娼妓買來做養女，將來長大續操豔業的「苗媳」也不少。被賣入娼家的女子為了將來的執業而接受琴棋書畫等各項學藝訓練，因為才學的高低決定了日後的收入與評價，也關係到是不是能在執業以後讓拜師學藝的花費迅速「回本」，當她們在學習才藝的時候，往往會被鴇母或養母寄予高度的期待，甚至動輒打罵。在「女子無才便是德」的年代裡，不知是幸或不幸，她們意外成為能夠受教育、習得一技之長的女性，只不過今日得以學才習藝，是為了日後的生計，在得以勤學各項技能的背後，這些煙花女子的辛酸與心酸又有誰人能知？

「女給」則是時代產物。日本時代，臺灣社會隨著治安穩定下來，經濟發展，各種休閒娛樂日漸盛行，咖啡店、電影院等新式消費空間林立街頭，「女給」原來是在咖啡店或飲食店中負責餐飲服務的女性，也就是今天的女服務生，無涉風月。女給若是略有姿色也能成為飲食店招徠客人的看板之一，年輕貌美的女給們也少不了男客的追求，有些女給在業餘時間從事其他的接待工作，遂讓女給逐漸發展成為帶有情色味道的曖昧行業，很像酒女。因此，官方發布「藝妓酌婦女給取締規則」，統一將女給一併列入管理的範圍中，也就是說女給也在風塵女子的範圍之中。臺灣文學名家賴和在小說〈赴了春宴回來〉中，寫到女給的身形是「紅的唇，白的頸項，水溶溶的媚眼；還有，是富于彈性的雙乳和肥滿的臀部……」。女給蘭子挾一塊肉送進雪髮銀鬚的煌舍落了牙齒的嘴巴裡，煌舍興致勃勃地搭上女子風流一番，簡直就是「公公同孫女們玩著」的樣子，真是一幅荒謬祖孫圖。而角落裡，小潘和他心愛的年子摟著腰碰著胸跳著交際舞，另一個「瘦個子」抱著女給靜子在親嘴，酒池肉林。他們的「二次會」還在咖啡館，裡面盡是「肉香、酒香，還有女人的柔情、媚態」，被女給包圍，「心也活啦。」

7-07
女給漫畫。
女給本是女服務生，演變到後來卻帶有情色的意味。這幅刊登於一九三四年的漫畫標題為「合法的出張服務」，「出張」即「出差」，戴著廚師高帽的男人問女給「沒問題吧？」女給大方回答「戴著這帽子就沒問題啦！」嘲諷女給遊走於法律約束的灰色地帶。

一九三〇年代末，某人形容女子若是「穿著時式的高跟鞋，著了透明貼身的洋裝，胸膛酥酥聳起，兩頰點著金黃色的胭脂，嘴唇染著鮮紅的口紅，頭髮電得屈屈曲曲，行起路來，滿路異香，全身的各部都會抖動」，那這人不是舞女或妓女，一定是女給。或許這種花枝招展的女子就是當時女給給人的印象吧！

女給既然是女服務生，自然歸於某咖啡店或食堂，報刊在介紹這些女給時往往一併將她們服務的店鋪名稱標上，民眾若想要一探本尊的芳影也有個去處，比如說「孔雀女給阿幼」、「サロンオケ女給富士子」等等。

女給和藝妲們的名字也很有趣，大致可看出兩大走向，女給走「日本風」，而藝妓卻主打「臺灣味」。標榜日本風的前者像是富士子、節子、君子、靜江、八重子、美代子、菊子等；而主打本土味的藝妲則以「小」字輩、「阿」字輩稱霸，例如小彩鳳、小鳳嬌、小寶治、阿雪、阿花、阿金、阿菜等，「金〇」、「桂〇」、「玉〇」也是不勝枚舉，而「月〇」、「寶〇」、「麗〇」、「愛〇」同樣受歡迎，比比皆是。

日本時代臺灣風月場中女子雖以臺灣人、日本人為大宗，也少不了朝鮮人。一九二一年報載某朝鮮人李清萬召集朝鮮女子，在艋舺高舉豔旗，建設妓樓取名「鮮花樓」，此地不僅是

7-08
咖啡店廣告二則。
美女啣著一朵花，寫著「美人聚集」的永樂咖啡館是「業界的寵兒」。而花蓮的「Tiger咖啡廳」（タイガー）「女給軍服務滿點！」曾幾何時，曼妙的女給已經成為咖啡店的賣點之一。

「鮮花朵朵」，所開者亦為「鮮」花，取名堪稱用心，真是貼切。

不過，日治時期臺灣的風塵女郎雖然分成這麼多種，卻不是每一種都能夠分得乾乾淨淨，例如說藝妲如果遇上心儀的男客，也可見到委身的情況，「身」與「藝」的「生意」，有時界線也是曖昧不明。

取次花叢，尋花問柳：男性的花柳消費

那麼，接著我們要問，男人都到哪裡尋花問柳？日治時期官方為了集中管理風化行業，透過〈貸座敷營業及娼妓取締規則〉劃出特種行業區。所謂「貸座敷」，在日文中有妓樓之意。推動公娼制，執業者須領有執照，當時稱為「鑑札」，並定期接受衛生檢查，關於娼妓的管理制度，在下一章會有詳細的說明。這些特種行業聚集的地方，日文稱為「遊廓」或「遊里」，遊廓中除了妓戶之外，亦有酒家等聲色場所。隨著官方管理制度的實施，以及特種行業的聚集，日本時代的臺灣，「遊廓」的地區性是非常明顯的，臺北多集中在萬華、大稻埕。其中，日本人常去艋舺一帶，臺灣人則鍾意大稻埕的酒榭。日治初期日本人和臺灣人的語言不通，生活習慣甚至是風

月文化也不同，兩者之間可說是各玩各的，日本人消費日本藝妓，臺灣人則捧臺灣女人的場。基隆最初以田寮港為主，後來曾有移轉；臺中市在初音町，臺南市則在新町，其他都市各有分區。如果能再次走在日本時代的大都市街頭，就能立刻感受到職業的地區分工涇渭分明，而這種地區性的深刻印象，直到戰後都還緊嵌在人們的心中。

日本時代臺灣有位知名的小說家徐坤泉，曾在刊物上連載一部賣座小說〈新孟母〉，小說中主角友人碧霞對女主角葉秀慧說，男人大多靠不住，他們第一次的愛情，總是要經過女給們的「訓練」，等到被她們遺棄了，失戀了，才輪轉成為良家婦女的丈夫，但結婚後仍然不死心，還是要和這些花柳女子親近。

其實日本時代男性的花柳消費不只一種，碧霞的話只是當時的一個側寫。畢竟在日本時代的臺灣，因為藝妓、藝妲、娼妓、酌婦都須向政府繳納營業稅，且花柳消費價格不低，要能夜夜笙歌，需要強大的銀彈支援，一般上班族或勞動階級根本無法負荷這樣高額的消費，真正能夠不時前往遊廓尋歡作樂的，大多是有錢人家或談生意的商人們。

男人的花柳消費可以分成幾種形式，他們可以到有女子陪酒的酒樓喝酒作樂，也可以到一般的飲食店舉辦餐飲會，再打電話給「檢番」找來藝妓或藝妲助興。「檢番」是一種類似同業組合

7-09
跳舞是日治時期臺灣的新興娛樂，穿著西服洋裝的現代男女雙雙對對「周旋」於舞池之間，好不快樂。

7-10
臺北艋舺、大稻埕地圖。
兩地是臺北的知名遊廓，日本人常到艋舺玩樂，臺灣人則偏好大稻埕。

7-11
山水亭。
臺北大稻埕的山水亭是日治時期臺灣著名的酒樓之一，老闆王井泉熱中臺灣文化活動，臺灣文化人經常到山水亭聚會，席中也會找女子作陪。

的單位，它的功能之一，在於媒介酒客與煙花女。酒客若要點召藝妲「出局」，須向「檢番」打電話吩咐告知，檢番就會聯絡藝妲，通知小姐出局。每椿交易均收固定費用。檢番的工作很多，也負責管理娼妓活動，娼妓平常被限制在特定區域中，不可自行外出，如果娼妓自行離開限制區域接客而被查獲，官方將有懲罰。一九二〇年代，報章屢見娼妓擅自外出接客，或是女扮男裝離開娼館，被發覺後告發處分的報導。換句話說，也是因為一切的聯絡與交易都須透過「檢番」進行，煙花女子就連短暫的行動都不被允許，相當程度限制了她們的人身自由。

日本時代臺灣的商場宴飲文化中有「二次會」的習慣，酒過幾旬、滿桌殘羹之後，男人們可再到其他的飲食店進行「二次會」，即今天臺灣話中的「續攤」，第二旬的宴飲。「二次會」一樣可找藝妓或藝妲作陪，藝妓或藝妲只有提供才藝表演的服務，二次會雖然是在藝妲間、飲食店或酒樓進行，但非色情交易。酒後的夜裡，聽上藝妲彈唱一曲小調，頗有韻味。商場宴飲難免菸酒，日治時期臺灣已有洋酒、日本酒、啤酒等各式酒類與不同品牌的菸草，任君選擇。

日本時代做過保正的臺中豐原文人張麗俊在日記中記載，他邀親友前來赴盛宴時，也邀來酌婦相陪。地方上若有值得慶

7-12
圖為臺北知名酒樓蓬萊閣舉行宴會的模樣。蓬萊閣的臺菜出名，經常賓客雲集，高朋滿座。
這張照片可能因為這是官方單位的宴飲會，席上不見女子陪酒。

祝之事，官民共宴同樂時也曾找雛妓陪酒。這些酌婦雛妓有的屬於蘆山閣，有的屬於綺春閣、豐閣樓，從不同地方應召而來，這大約就是當時筵席的場景。

日本時代臺灣文人對於花柳消費的態度似乎不像現在一樣躲躲藏藏、羞於啟齒，有錢有文才的霧峰林家林獻堂在偕子出遊時，也曾邀藝妲相伴以助遊興。不少文人在尋訪名花之後還會寫詩寄情，甚至投書刊物，藉詩句將自己對某名妓的傾慕昭諸世人。例如說當時的「小蓮芳」是「芳齡十六，住在大橋町」，個性「靜默寡言，嬌痴可愛」，又有文學造詣。原與其姐如碧雙樹豔幟於廈門，歸臺後章臺闊佬們無不「爭擲纏頭」，南郭某君為嘉其色藝，贈以詩記遊。這篇報導小文稱小蓮芳為「後起之秀」。像是寫《臺灣通史》的連雅堂、詩人羅秀惠、民族運動家陳逢源等人都曾寫詩送給詩妓。

說到文人對於尋訪名花的趨之若鶩，雜誌《風月》的出刊正好可作為佳證。日本時代臺灣有名的闊少文人吳子瑜對於吟風弄月、和藝妲唱酬很有興趣，雖然不是生意人，也日擲千金往來於遊廓之間，身歷其境還不夠，一九三五年，吳子瑜甚至出資編成雜誌《風月》，內容除了刊載詩文歌賦等文學創作外，介紹詩妓藝妲的文章也不少篇幅。《風月》某號中有一篇

7-13
臺北檢番。
臺北檢番藝妓在一九三五年臺灣博覽會上演奏音樂的情形。檢番是介於官方與花柳界之間的聯絡單位，酒客若須藝妓或藝妲作陪，打電話給檢番，檢番就會聯絡藝妓或藝妲前往。

取名「寄題風月報」的文章，提到當時眾多有名的風月女子：「北曲頗聞新麗卿，南管幼時更蜚聲」，還有「情感陰陽此明驗，憑君勿再詡雲英。何限名花較仙豔，婷婷根根又文文。不比驪珠比梨雲。」當時萬華、大稻埕一帶的風月味道也被寫進來：「太平永樂繁華地，豈乏蕭娘號如意。」可見在文人的世界裡，攬賞「名花」也是附庸風雅的環節之一，能夠一一「點將過招」，能稱風雅。

當然，風化場所少不了性消費，日本時代舉凡港口、都市周圍，都少不了娼樓妓院。戰後臺灣公娼存廢問題蔚為一時爭議，但日本時代官方對於性產業採不壓抑、集中管理的態度，透過「檢番」管理娼業，不只對執業者進行定期的衛生檢查，也是媒介嫖客與娼妓之間的橋梁。也就是說，臺灣是有公娼制度的，男人如果有性需求，可以到風化區得到滿足。有位仁兄模仿李白的名作〈春夜宴桃李園序〉，改編成為妓館篇：「夫妓館者，開仙之逆旅。識猴者，老練之嫖客。而巫山片夢，為歡幾何。今人多喜冶遊，無須以也。況溫柔愚我之幻景，脂粉妓女之文章。會醉友於西園，敘天臺之樂事。海口優秀，鹿角可連，燕語鶯歌，堪為長樂。局錢賠己，欠賬免清。君莫戀於他花，妾投誠以祝月。如有差作，罪我異懷，連理締成，奴有贖身銀數。」能夠到花叢中一遊，享受左摟右抱的肉欲快感，

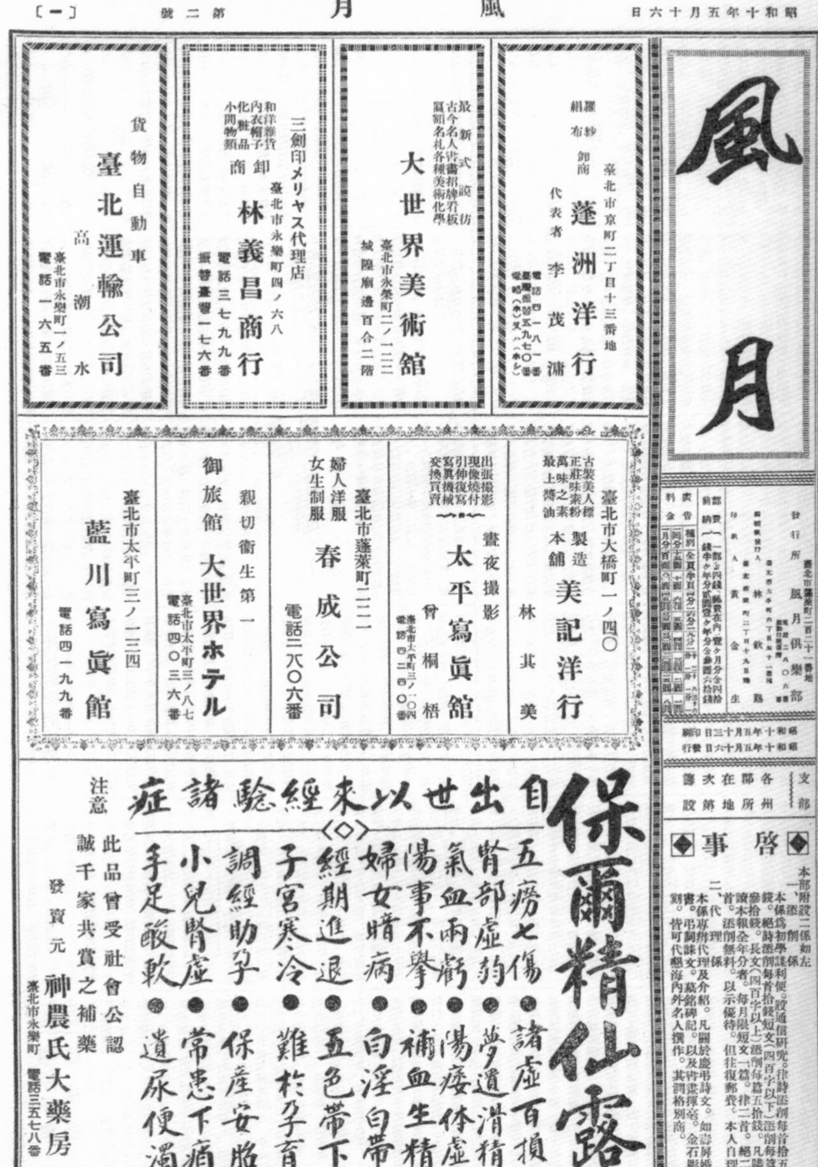

風月

發行所　臺北市蓬萊町二百二十一番地　風月俱樂部　電話二八〇六番
編輯兼發行人　林欽賜
印刷人　黃金生
部費　一部金四錢、郵費在內、壹ケ月分金四拾錢、半ケ年分貳圓、壹ケ年分金參圓六拾錢
廣告料金
昭和十年五月十三日印刷
昭和十年五月十六日發行

支部　各州部所在地次第籌設

啓事

本部附設二係如左

一、添削係
本係為初學謀利便。設通信研究。律詩添削每首拾五錢。絕詩添削每首拾錢。短文（四百字以下）添削每篇參拾錢。長文（四百字以上）添削每篇五拾錢。凡購讀本報全年分者。每月限短文一篇。律二首。絕二首。添削無料。以示優待。但往復郵費。本人自理。

二、代理係
本係專辦代理及介紹。凡關於慶弔詩文。如壽屏婚書。弔詞誄文。瘞銘碑記。以及書畫揮毫。金石彫刻。皆可代懇海內外名人撰作。其潤格別商。

7-14
《風月》是一九三五年由吳子瑜資助發行的期刊，最初刊物裡面大多數的篇幅都在介紹詩妓藝姐等花柳軼事，是十足的娛樂刊物。

還是讓不少男人願意揮金如土。

不過，日本時代臺灣的賣身娼妓雖然以青春與肉體換金錢，卻以服侍日本男人為恥，不願做「番仔酒矸」。「番仔酒矸」原指「番人存酒的酒器、酒」，而「矸」的發音又與「姦」字的臺語發音同，於是「番仔酒矸」就又寫作「番仔姦」，即與外國人發生性關係者，後來又更狹義地指服務日本男人的臺灣娼女。據說為娼的臺灣女子若做日本男人的生意，將會成為同行之間茶餘飯後取笑的對象，因此多拒日客於門外，算是展現另類的「民族氣節」。

除了公娼等合法的性消費以外，臺灣也是私娼流竄。私娼黑數之多令人咋舌。據報導，一九二六年的大稻埕，領有鑑札之藝娼妓約有三、四十人，但僅占約十分之一，其他公然賣俏者不乏公學校畢業生、女高中輟生或一般人家婦女，花柳繁雜情形嚴重。雖然官方不時突擊檢查、強力取締，但除此之外，官方好像也束手無策，沒有更積極有效的方式，使得「野花」春風吹又生之問題一直未能解決，連帶產生性病源源不絕的隱憂。舉凡花街柳巷、港口、車站等地，都是私娼聚集的地方，私娼人數多，查緝不易，無論戰前戰後，一直都是官方頭痛的風紀問題。一位日本人警察曾說，每天黃昏時分，萬華、大稻埕一帶的私娼在暗巷中拉客，娼女斜倚門邊，媚眼勸誘著過路

7-15
私娼倚門拉客。

男性入內消費，到處鶯聲燕語，春色無邊。

望「春」風：花柳二三事

花柳業如果能算是一種「娛樂消費」，花柳業的業績，似乎間接反應了景氣的好壞。一九二〇年臺灣曾經面臨一次「財界不況」的金融恐慌，當時花柳業蕭條，逼得許多煙花女必須拿著值錢家當到「質鋪」（當鋪）典當過日。一九二五年這年的夏天，炎熱的高溫持續多日，加上臺灣神社祭等多項慶典活動都在此時舉行，一向熱鬧的艋舺遊廓頓時冷清了起來，生意不見起色。許多酒樓、商家和店主苦思對策，企圖以提出降低遊廓消費價格來吸引客群，並分送燈籠裝飾到各店家，在夜間一同點燈裝飾萬華騎樓街景以招徠遊客。直到這年的十一月，兵隊們因公聚集到臺北市來，萬華街頭才因滿街穿著卡其色軍服的軍人而再次熱鬧起來，終於度過小月。

一九二七年，嘉義地區粟價過於低廉，價格一落再落，農民為了避免賠本賣出，選擇將穀藏於倉中不糶，連帶造成農商各界金融不振的現象，各界因此商況較往年異常沉寂。就在各商界準備以歲暮大拍賣來提振買氣時，各旗亭遊廓竟然人聲鼎沸，生意異常鼎盛，論者雖然以為世風如此，頗為感慨，但這也算是反應出另一種市場景況吧？

藝妓、藝妲和女給等風月女子雖然共食同一市場，有時候卻又能以團體出現，看起來似乎不太有同業競爭的煙硝味。比如說，一九二〇年代每年的中元節，萬華地區的遊廓業者會聯合到淡水河邊祭拜溺水而死的餓鬼，或共同舉行普度。一九三五年臺灣總督府為了宣揚在臺施政四十年的經營成果，舉辦「始政四十周年記念臺灣博覽會」，藝妓、女給們也組成團體提供表演節目共襄盛舉，臺南地區還因她們都到臺北參加表演活動，一度造成藝妓荒。同年，臺灣中部的新竹、臺中兩州在四月時發生一場大地震，造成中部地區數千人死亡，現在苗栗知名景點「龍騰斷橋」，日本時代稱作「魚藤坪斷橋」，就是在這次地震中斷裂陷落所成。這次大地震後，為了撫慰人心並籌募賑災款項，臺灣藝妲也發起義演活動，參與社會公益。一九三〇年代後半，進入戰爭時期後，藝妓、藝妲也是官方動員的團體之一，真是「全民一心為『聖戰』」，只是一群時尚打扮的風塵女子配合國策共同站出來，和戰時動員各團體流露出的樸素、堅決與刻苦的形象大不相容，從她們的合照中，總是不經意可以感受到一種與時代大環境不搭軋的違和感，除了感受到戰時官方動員力量與面向之強大外，娼妓雖操皮肉賤業，但氣度卻不短，也有愛國者。

7-16
《華光》雜誌是日治時期「全島料理花街同盟報」於一九三八年發行的刊物，刊載花柳界最新動態與各種介紹。

不同身分的男人，雖然都是花費大筆金錢買一時歡愉，但基於不同的動機和目的從事花柳消費，對歡場情事態度也大不相同，例如有些文人是享受與女子唱酬應和的樂趣，商場大亨則是邀女作陪，以增添應酬之間的遊興。男女往來之間，煙花女與男客到底有無真感情？有位日治時期的臺灣文人說，歡場畢竟逢場做戲，歌臺舞榭之間難有真感情。賴和小說也寫了，……女給們如果「ノーチップ」（No tip），沒小費，誰還認識你？

看起來只是一時的虛情假愛，但事實上可能不完全如此。歡場女子所倚者為青春與才藝，職業生涯非常短暫，除非是才華或相貌過人的寡例，一般來說，超過二十歲恐怕就已徐娘半老，相對於日本時代，女人大多還是需要倚靠男人才能彰顯自我存在的價值，很多藝妓、藝妲或娼妓都能獨當一面，自我營生，若是一朝名聲遠播、門庭若市，她們經濟環境甚至不比男人差，絕非只是糊口而已。以一九三七年的統計來說，藝妓的月收入最高可與女醫師相當，藝妲的月收入也與女給相同，且直逼女學校教員，並遠遠高於新聞記者、廣播員、公車司機及菸草工廠女工。然而在風塵中打滾日久，總還是希望終能有個歸宿，即便是委身人妾也勝於獨身終老。事實上，因為娼妓在社會上的地位較低，如真的能遇良人，脫離聲色犬馬而覓得姻

7-17
藝妓愛國。
藝妓身穿太陽旗和服，手持日本國旗扇，翩翩起舞。戰爭時期花柳界也在官方動員的範圍中，「玩樂不忘愛國」。

緣，做人妾者也遠多於為人妻者。

誰說歡場無真愛？即使是一夜夫妻，也有因此真的遇上真愛的人。古早臺灣曾有個知名的愛情故事叫「運河殉情記」，內容講的是富家子弟吳皆義愛上臺南藝妲陳金快，但兩人的愛情不為鴇母所容，無路可去的兩人相偕跳臺南運河殉情。這個以藝妲為主角的愛情故事感人至深，戰後還曾改編成電影搬上大螢幕，同樣賣座。

或許你會說這只是傳說的故事，但現實世界裡真正與男人相偕情死的風塵女子也非一兩人而已。一九二七年，基隆某山上被人發現一對男女陳屍，據了解，女方是基隆田寮港遊廓「廣島屋」的二十二歲娼妓若梅，男的則是某日本人官吏，年約三十歲，官隱其名，兩人以刀刺入胸膛，是為情死。一九二七年，澎湖馬公也發生男子遺棄新婚妻子而與藝妓相偕尋死事件，這次女方仰毒後死亡，男方未死卻因毒劇痛難耐，奪剃刀自刎而亡。男客與娼妓相約情死的故事可不是始於日治時期，其他的情死新聞在日本時代的臺灣各地都不少見，畢竟即使是歡場男女也是人，是人皆有情，中國明星阮玲玉不也是為情尋短？看了這些例子，誰還敢說戲子無情，婊子無義？

不過一九三一年，基隆地區也有一名娼妓打算與情人共赴黃泉，兩人決意在八斗子海岸投海自殺。結果不明地理，以為漲潮，一跳入海卻陷入淺灘，不僅未死，全身還被淺海的牡蠣棚殼割傷，狼狽上岸。一九三四年也有一位朝鮮人與臺灣酌婦一夜春風後欲與之情死，趁女方熟睡時點燃隨身攜帶的炸藥，造成男方當場死亡，而女方身負重傷，手段可謂激烈。

說到藝妲的愛情，最令人動容的藝妲愛情大悲劇，還是要提一九三〇年代那部轟動臺灣的電影「望春風」。貧苦的秋月被繼母買來，打算將來操藝妲為業，生活的苦悶好在有生父的慈藹與姊妹相伴方得以排解。後來秋月與村內的上進青年黃清德相戀，卻被當時很有名的大公司「日東紅茶」的祕書蔡某看上，蔡某向秋月繼母勸說未果。這頭清德和秋月約定，自己抱著立身出世的希望負笈東京。沒想到這段期間秋月之父因傷成為精神異常者，為了治療父親的病，秋月只好開始了藝妲生涯。清德畢業後一方面進入日東紅茶公司工作，一方面卻遍尋不著秋月。這時候，公司老闆的千金經介紹認識且愛上了清德，秋月也疲於應付不時前來的蔡某。終於，在公司的園遊會上，清德和秋月再次相遇了，但是秋月不願耽誤清德的前途而假意投身蔡某，清德大怒。事後，秋月恐自身破壞清德的將來，於是來到鐵路旁自殺。秋月自殺的消息傳到生病的父親耳中，父親受到刺激，病情竟不藥而癒，趕到醫院送重傷的秋月最後一程。秋月臨終前仍祝福清德與公司千金幸福美滿，隨後

7-18
滿面愁容的女子站在海岸礁岩上，看來是打算自殺。「再等一下！」海報上寫著自殺前請和警察談談，警察是民眾討論的好對象，有什麼祕密都可以和警察說。不過，欲與愛人殉死者，恐怕不會找警察聊聊。

就在藝妲姊妹彩鳳唱出「望春風」一曲的歌聲中溘然長逝。

「望春風」在臺上映後大為賣座，顯然激起許多人對於愛情悲劇的同情。同時，這部電影也反映出當時的一些社會現象與價值：藝妲不是無格的歡場女子，而是有所堅持，特別是情感與身體的清白。但是藝妲的身分大致上確實也被社會低一層看待，秋月開始以藝妲身分營生後，唯恐身分壞了清德的前途，儘管清德本身並不介意，但秋月的退讓，多少也表現出門當戶對觀念下，風塵女所抱持悲慘自我意識。

一九二六年，高雄有一群發動機船的漁夫，因高雄遊廓業者的差別待遇而與之不睦，漁夫們約好不前往嫖妓，果然沒多久後遊廓再不見漁夫片影。好事者問遊廓樓主應對之策如何，樓主說，嫖與不嫖是客人的自由，嫖客種類也不只漁夫而已，既無大影響，也稱不上對策。最後雙方調解了事，漁夫才重登豔門。

為了藝妓、藝妲或女給而爭風吃醋、大打出手的消息時有所聞，一點也不稀奇，在遊廓間更有趣的是三五不時就會有男子「無錢遊興」的事件登上報紙版面，沒錢不付賬的男人，臺灣人、日本人皆有。有些人因此被警察拘留，也有些人被說諭了事。也有人是為了到遊里消費而成梁上君子，失風被逮。甚至有公務員不惜冒著風險竊用公款只為換得一夜沉醉溫柔鄉，

第一回作品

望春風

コロムビア主題歌

超特作全發聲

七月一日より第一劇場は「望春風」製作記念特別大公開

寫眞は主演 彭楷棟 陳氏寶珠

本島最初の大衆映畫てあり舊弊打破・內臺

融和教化映畫の第一頁を飾るこの大映畫七

月下旬愈々完成島都城內某館に於いて封切

近し!!乞御期待!!封切後全島各地配給開始

【梗概】平和な田舎で春を奏る秋月は一家の貧苦の爲め拜金主義の繼母は彼女を藝妓に賣らんとして居る。その苦しみも實父の慈しみと義妹の信賴に慰められ辛じて每日を過ごして居た。秋月は同じ村の役場に働く忠實な青年黃清德と何時とはなく、愛を囁くやうになつてゐた。或る日大東紅茶の秘書蔡が茶畠を視察に來て秋月の純情な姿に心を惹かされ莫大なる聘金で繼母を口說く、繼母は彼女を藝妓に賣つて自分の生活を潤さんとするのでそれを憤慨した清德はどんな苦學をしても出身したい希望を抱いて秋月と固い約束を交して別れを惜んで東京へ向ふ。しかしその上京中秋月の父は不慮の負傷がもとで遂に精神異狀になつて了ふ。病める父を治す爲には秋月も藝妓になることを肯じ悲嘆に暮れながらも鄕里を後に臺北へ賣られて行く。斯くして清德は大東紅茶會社に就職すべく歸臺し秋月の家を訪ねて見ると荒れ果てた空家で彼女の行先さへ知れない一方大東紅茶の社長令孃惠美も東京より歸つて父の紹介で清德と知り合ふ。そして清德の男らしさは令孃の心を捕へたはかりでなく社長夫妻も行く〳〵は惠美の婿としてひそかに考へる。大東紅茶十五週年記念園遊會の當日會場に多くの藝妓と共に今では一流の賣れッ妓になつてゐる秋月も來て居た。圖らずも其處で清德と秋月は再會して二人の愛は甦みかへる。蔡は金力によつても秋月を自分のものにすべく每夜の如く藝妓屋の女將を口說く、秋月に迫つて行く令孃は清德と秋月の戀愛を知つて失戀に泣き暮れるが母親輝子夫人に勵まされて日本女性の精神を發揮し自分の戀を諦め秋月を自由の身にして清德との愛を結んでやらうと努力する。其の心を知つた秋月は愛する清德の前途を考へて清德を令孃に讓る決心をして心なくも清德の手から蔡のもとへ走る。清德は激怒し秋月の心持ちを誤解して面罵する。生きて行く力を失つた秋月は自分かこの世に居れば清德の將來を破壞するものだと考へとう〳〵意を決して鐵道自殺を圖る。重傷を負つた秋月は早速病院に擔ぎ込まれる。故鄕で秋月の自殺を聞いた父は大衝動を受けて病氣は惡くなり悔悟の念に燃ゆる繼母と妹を連れて病院へ走る。臨終前の秋月は社長に父母や妹を頼み清德と令孃の幸福を祈りつゝ姉藝妓彩鳳の唄ふ自分自の好きな「望春風」を聞きつゝ靜かに瞑目する。斯くして秋月の儚かない戀は一場の夢となつて永劫に消え去るのであつた

七月一日より當館は他館に先んじて臺灣語解說を全廢館內國語常用

主演
彭楷棟(撞球の名手)
陳氏寶珠(美貌才媛)
陳氏玉叔(女學校出身)

共演
林氏玉梅 鄭龍整
陳金城 陳氏秋蓮
周氏寶 陳氏香

特別出演
李天來
蔡槐墀

寫眞は第一映畫製作所幹部連
中央吳錫洋所長

テンプルの燈臺守・戰國群盜傳・良人の貞操・平原兒・陸續大公開

臺灣第一映畫製作所

7-19
「望春風」電影紅極一時，上進青年與痴情藝姐的堅貞愛情賺人熱淚，這雖然只是電影情節，但背後反映出來的是，歡場女子的情愛終究是風月場上的事，難以和一般人相提並論的社會價值。

看來不少人寧可「先甘後苦」，即使開心過後要付出自由的代價，仍願意冒險到花街柳巷嘗嘗甜美滋味。

後來，隨著酒家興起，廉價又肉欲的花柳消費越來越蓬勃，藝高人美的藝妲逐漸被女給、酒女與娼妓取代，雖非年老色衰，卻已難以抵擋藝妲市場的日漸衰微，終於成為屬於日本時代的臺灣風情，往事只能回味，而藝妲僅供懷念。

女遊びのあと…：性病とその治療

摧花斫柳論花柳：花柳病及治療

極樂遊廓：「檢番」與管理
無力與無視：花柳病的預防 ◎ 一夜風流・殘花敗柳：花柳病傳染與治療
沉默的「醫生」：性病成藥與廣告

千年以前，唐朝大詩人李白寫了一句詩：「昔在長安醉花柳，五侯七貴同杯酒。」從此性病又被稱為「花柳病」，看來頗為風雅，原本讓人唯恐避之不及的性病，多了李白的庇蔭之後，反而多了一層浪漫風情。不過，花柳病的本尊——「性病」，在日本時代著實困擾不少臺灣民眾。

花柳病即性病。一九三六年，服務於澎湖馬公婦人醫院，一名叫渡邊裕的醫務士寫下馬公地區花柳病檢疫、防疫與治療的經驗。從他的書中可知，即使到了日治後期的一九三六年，官方依然認為性病的傳染主要是來自於花柳界業者，其中又以娼妓、酌婦、藝娼妓為主。渡邊裕的看法也反應出整個日治時期官方對於性產業管理的態度：娼妓是性病的傳染源，治標不如治本，要防治性病，就要管理、整頓花柳界。既然如此，我們就從官方的風化業管理制度接著看起。

8-01
一九〇七年公布施行的〈公醫規則〉規定各地配置公醫負責醫療衛生工作，責任範圍不只是「醫」，還包含「藥」，也包括花柳病相關事務。

極樂遊廓：「檢番」與管理

臺灣在清朝統治時期，官府沒有嚴格管束娼寮，而由民間負責自理，差不多是類似黑道圍事的模式，如果有散兵游勇來鬧事，就由地方勢力出面維持秩序或斡旋。但所謂「管理」，這時候充其量只是勉力維持秩序，使生意流暢運作，談不上娼妓的合法與否，事實上當時也沒有公娼的概念，更不用說性病預防。各種娼妓由房間裝飾分高下，有名的娼妓房中頗有知書達禮之戶的清幽雅致，因此當時許多士紳巨賈或文人墨客都是高級娼妓的房中客。總的來說，民間自行經營的花花世界之運作，並沒有法律來積極維持，靠的全是默契。

一八九五年日本人來到臺灣以後，一八九六年官方很快地就出爐一套管理規則，把貸座敷、飲食店、料理店、娼妓、藝妓等娛樂產業劃入管理範圍。官方要管理的不只是人，也是空間，都市的某些地區在政權易手沒多久後就被正式貼上「遊廓」的特種行業標籤，例如臺北艋舺。日治以前臺灣沒有官定的風化場所地區，但日治以後不僅「遊廓」正式開門見客，娼妓營業也被規定必須得在劃定區域內進行。

日本人訂出來的管理規則不只是規定遊廓的位置與空間大小而已，還包含對風塵女的人身規定。日本時代，負責督促娼妓身體檢查、治療、性病防治的官方單位是臺灣總督府衛生課，在遊廓之中不僅設有管理單位的「檢番」，也有派出所、娼妓身體檢查所、娼妓治療所（又叫「娼妓驅黴院」、「婦人醫院」），還有同業工會的「貸座敷組合」。如此一來，這裡面的性產業已萬事具備，遊廓可以說是一個機能完整的遊興天地。

同時，官方也透過「鑑札」和「檢番」管理特種行業。「鑑札」用現在的語詞來說，就是營業執照，娼妓在申請鑑札時，須詳細呈報娼妓的年紀、身家背景及身體健康檢查證明，始發給鑑札，允許其營業。在這樣的娼妓合法化過程中，透過鑑札的取得，煙花女子在一開始就被收納到國家體系裡去，接下來的管理就靠「檢番」進行。

關於「檢番」，上一章曾經一時出現過，它可說是花柳業的同業組合，從組成成員與依循的法規內容上來看，檢番是由當地的花柳業者共同籌組，向當地郡守、警察署長或警察分署長申報，獲准後成立，檢番如有危害公安之虞，上述單位可取消其准許證、遷移檢番位置或解雇從業人員。因此檢番並不是官營單位，而是介在官方與花柳業者之間的重要組織。檢番的管理人由檢番內的藝妓們共同投票選出，因為業務的需要，經常是由人脈廣的從業人擔任幹部。檢番管理的對象除了娼妓之

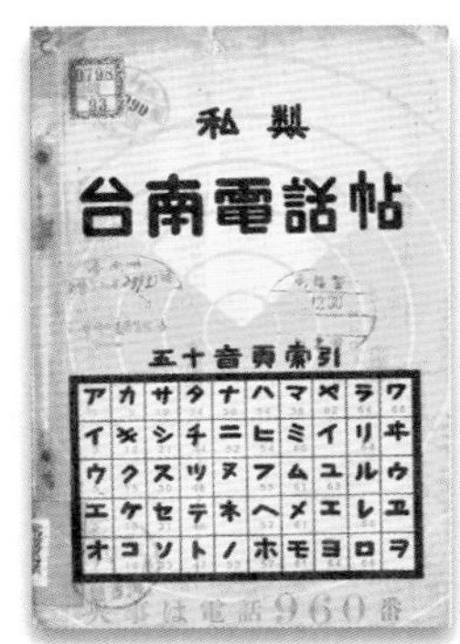

8-02
各地電話帖。
電話早在日治以前已經傳來臺灣，不過電話始終是少數人擁有的珍貴物品。日治時期各地均編有電話帖，檢番的電話也有，它們被歸在「置屋、藝妓」類，例如萬華共立檢番的電話號碼是1163，大道埕檢番為2894，而臺北檢番則擁有306、321及1193三支號碼。

外，亦包含藝妓、藝姐、女給等，男客的花柳消費中，客人若需點召藝妓、藝姐或娼妓時，須致電「檢番」，由檢番聯絡女妓提供相關服務。

不過，「檢番」的功能可不只是媒介雙方，它的工作還包含製作公娼名冊，列管相關的從業人員；監管娼妓的行動自由，娼妓如果要陪同客人「出局」到遊廓以外的地區，也必須向「檢番」報告，取得同意方可為之。因此「檢番」可以有效掌握娼女的活動情形；徵繳營業稅金，也會不定期地協助政府辦理活動，例如神社的祭典、團體宴會，或是從旁協助宣導活動等。檢番可以說是代行官方政令的重要組織。

除此之外，「檢番」最重要的工作之一，就是對娼妓們安排定期的身體檢查。日治初期，日本人來臺灣後發現臺灣人對於性病的防治觀念非常貧乏，甚至有人說，最初走在街頭，不時可見到因罹患梅毒而鼻子塌陷的當地人。性病氾濫問題也一直苦惱著當時疲於整頓各種社會面向的政府。有了檢番，娼妓們的定期性病檢查也就輕鬆多了。

性病檢查的項目除了梅毒、淋病、下疳等性病外，諸如肺結核等傳染病也在檢查項目之列。如果娼妓被檢查出身帶傳染病，或是懷孕四個月以上，必須強制停止執業，至娼妓治療所隔離，接受治療直到痊癒。簡單來說，官方就是透過「檢番」

8-03
檢番協贊活動。
檢番的業務除了管理娼妓活動、檢查性病、徵稅外，還要協助官方宣導政令，或是配合官方辦理活動，這是臺北檢番參加一九二五年始政三十年紀念博覽會表演的情形。

來抑制性病的傳染。官方人士自己也不諱言「花柳病傳播的主要泉源就是賣淫。」

在日本時代，沒有取得「鑑札」的手續並不複雜困難，為什麼仍然有人寧願為私娼，處處躲避查緝和臨檢而不願意申請執照開業？其實向官方申請「鑑札」即營業之娼妓就算私娼。原因之一可能是娼妓們不想接受身體檢查。娼妓的性病檢查是一個稱不上尊重受檢者的過程，除了抽血與抹片之外，甚至需要寬衣解帶，接受目視檢查或是器具的深入。而且，除了定期檢查外，官方也可不定期的臨檢娼妓，這種身體檢查的手法也頗令人不舒服。

一八九七年，宜蘭有五位娼婦淚流滿面地來到宜蘭城堡役所哭訴她們的遭遇，原來是她們被警官強迫檢查身體，做法是將她們綁在柱上，脫去衣衫褲子，扒開雙腳檢查下體，讓她們「羞汗直流」。娼妓也有人權和尊嚴，這樣不尊重人權的「強迫檢查事件」也引起臺灣人的群情激憤。

日本時代的臺灣雖然已經有保險套這種產品，但整體而言，那時候還是個對性病防治稱不上有效的古早年代，尋花問柳的男性未必都有使用保險套的觀念。而娼妓一旦被檢查出罹患性病，必須被送往婦人醫院隔離治療直到痊癒，治療期相當長。別說這段療養期間不能營業而沒有收入，治療的費用昂

8-04
鑑札漫畫。
一名女子和警察正在討論核可的鑑札：以女給身分核可上午十時到下午六時；晚上六時到深夜十二時則是從事藝妓工作；深夜零時到上午十時就是從業娼妓。圖旁寫著「已經有了兩張鑑札了，不如再努力一張，這樣的鑑札如何呢？」這張充滿趣味的漫畫，背後也顯示出花柳女子須經官方核可的時代意義。

費，這筆醫療費用也得由娼妓自付，沒錢付醫藥費的娼妓只好躲著查緝，換發執照時因未經身體檢查，沒有健康證明也沒辦法再申請，最後淪為私娼；沒有積蓄的娼妓另一種選擇是向鴇母借支醫藥費，等到日後賺錢後再償還，借了又還，還了再借，最後還是延長了自己操賤業的生涯。換句話說，領取「鑑札」雖然可以光明正大的營業，但換個角度來說，為了一張「鑑札」，其實有時也讓娼妓陷入無法擺脫風塵的循環之中。男客無性病防治觀念，娼妓迴避身體檢查，若不幸罹患性病，也無力積極治療性病，難怪性病難以杜絕。

一九三八年報紙大剌剌地直接下了一則標題為「無鑑札之酌婦為性病之溫床」的報導，直指私娼就是性病的毒窟，官方對私娼也是嚴格取締，不時臨檢密賣春婦，被逮到的科以罰金或拘役。但私娼還是甘冒傳染與被傳染性病，以及被警察取締的風險私自賣春，除了上述的原因外，還有「抽稅」的緣故。每次的遊廓消費，官方均透過檢番掌握，並從中課取遊興稅，私娼因不在官方管理對象中，代表她們不必被官方在皮肉交易之中抽一手。本於上述幾種考量，為私娼風險雖高，還是阻絕不了她們的存在。

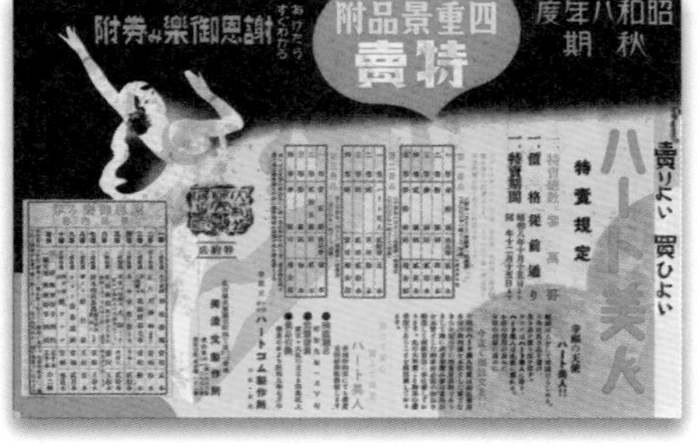

8-05
保險套廣告。
保險套特賣廣告，廠商辦理抽獎活動來刺激銷量，獎品有金額不等的商品券。保險套在日治時期已非神奇的發明，不止已量產，品牌也不止一家。

無力與無視：花柳病的預防

性病氾濫的問題，別說官方不樂見，日本時代民間也曾有論者主張，基於保持國防、產業等各方面的國民活動力，以及防止國民體質低下等觀點，國家應對花柳病猖獗問題提出對策。然而政府不是故意忽視性病所造成的社會與健康問題，但是正如同官方只能掌握那些乖乖申請「鑑札」的「好娼妓」，而處理不了私娼，對於性病的預防也只能顯得有些無計可施，除了強迫娼妓檢查身體健康情形，其他的宣導方式都沒什麼強制性，只能無奈期盼民眾加強自我衛生管理，性病依舊是個棘手的大問題。

話說從頭，早在一八九七年，就有一份文件指出，一八九六年渡海來臺的日本人中，有四分之一身染梅毒，迫使政府不得不正視性病傳染的問題。但是如果官方對娼妓的管理真能透過「鑑札」與「檢番」，將風化行業完全掌握到毫無縫隙地嚴密，那麼性病幾乎可以說是沒有傳染的可能。不過，不只是上述的私娼問題，就是從花柳病治療院所與各種性病成藥的先後問市來看，它們鏡射出來的，是官方力量依然有限，無法完全杜絕性病蔓延的窘境。

8-06
日治初期平亂。
日治初期政府疲於應付各地動亂與抗日勢力，無心權力推行花柳病的防治，導致罹患花柳病人數增加。

8-07
衛生展覽會。
一九二四年臺北州衛生展覽會上展示的性病患部模型，固然只是假的器官模型，但擬真的疱疹爛瘡，也真夠讓參觀的民眾感受到性病的可怕。仔細看，左下角的模型竟然是個被垂直傳染性病的嬰兒模型呢！

官方究竟對性病的防治做了哪些努力呢？對於一般民眾，地方衛生單位曾經試過到遊廓中放映性病預防的電影，或是辦理性病預防的演講，甚至是舉辦大型的衛生展覽會，希望能夠推廣衛生觀念，提高大家的健康認知。一九二四年，臺北州曾經舉辦一場「臺北州警察衛生展覽會」，展品包含感染性病後的手足等器官模型，以及花柳病病原體的圖示，並不斷強調性病的可怕和性病防治的重要。類似的衛生展覽會場景也被小說家徐坤泉寫到《可愛的仇人》裡，小說中參觀衛生展覽會的少女們看到患了性病的蠟製性器模型都羞紅了臉，倒是婦人們連聲說：「可怕！可驚！花柳界真實是罪惡……」如此看來，赤裸裸的性器展示雖然讓人臉紅心跳，但某種程度也達到提醒民眾性病危險性的正面效果。

另外，從日本時代流傳下來、一份日本警察使用的臺、日語對譯手冊得知，警察的業務也要負責對一般民眾宣導，包含性病宣導在內的衛生觀念。這份資料寫著，一人得花柳病，全家受害，青年得病是神明的懲罰，老年得病是老不修所致；如果染上花柳，一定要去看醫生，不可自己買藥治療云云。從這篇短文就能了解日治時期臺灣社會對花柳病的傳染、治療與影響等種種標準認知，如果用臺語讀起來，更有貼近時代臺灣人的味道。

還有，日治時期坊間也有販售一些家庭醫學的書籍，內容除了介紹生產、育兒、營養等家庭醫學常識外，也有癌症、性病、急救等醫學介紹，十分方便。但關於性病的預防，手冊上也提到預防淋病的有效方法就是使用保險套，且完事後男性除了排尿外，還要用肥皂與大量清水仔細清洗性器官，以洗去可能殘留的淋菌。女性則是用殺菌液清洗下體，並使用藥劑放置體內，透過大量排尿來沖洗私處內部。此外，還寫著性病的傳染途徑以直接傳染居多，「應避免出入花柳界等其他不良行為，結婚時也一定要詳細調查是否有此種惡疾，如果有花柳病的話，千萬不可與之結婚」。另外，因為病菌也有可能經由性行為以外的途徑傳染，家庭醫學書還提醒讀者也要留意家裡的幫傭或雇人。

至於對於性產業的從業者，特別是娼妓，官方便透過檢番介入，一方面要求列管公娼定期接受身體檢查，一方面也積極查緝私娼。一九二七年，臺北萬華婦人病院對官方查獲之三十六名私娼進行強制性病檢查，得到一個驚人的結果。這些娼妓介於十五歲至三十二歲之間，其中絕大多數的私娼皆患有淋病、梅毒等性病，有人甚至身染性病達一種以上。三十六人之中，罹患尿道淋病者就高達二十六人，反之，健康無病之私娼僅有一人。這樣的結果，當然讓官方對於私娼的取締面不改

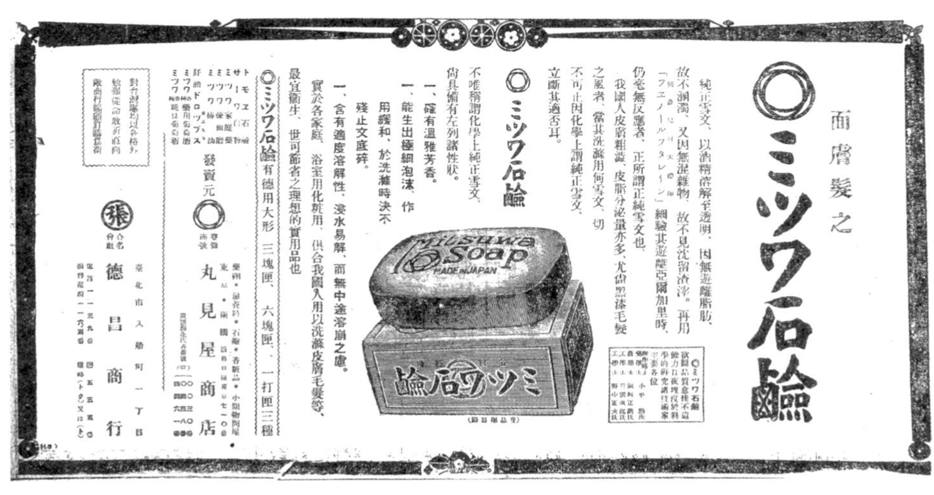

8-08
肥皂廣告。
「石鹼」即「肥皂」，此廣告標榜「純正雪文」、「最宜衛生」，最適合臺灣人使用。

8-09
日治時期舉行的衛生展覽會旨在向全民宣導衛生觀念。此為一九二六年臺北州警察衛生展覽會一景，由醫生與警察領軍，帶領民眾前行。當時醫療衛生工作主要由醫生與警察擔綱。

色。

但是官方的性病防治工作卻存在著一個大漏洞，那就是對嫖客的無視。官方對嫖客的無視也顯示出其所抱持的「娼妓等於性病」的偏見。無論是從相關法律的內容，或是當局的實際施政情形，官方對於花柳病的預防似乎把目光停留在娼妓等遊興行業上。他們設置診療所，強制娼妓檢查身體健康，要求他們參加官方舉辦的性病防治講習活動，規定販賣性病藥的藥商必須清楚載明藥物的成分與製造法，但是相對於娼妓健康情況的嚴格監控，關於民眾的性病預防觀念，除了辦理衛生展覽會時略帶一些性病陳列品，以患病器官的模型來嚇阻民眾，還算是陽春版的宣導外，未聞曾經檢查嫖客健康狀況的歷史。許多男性罹患性病，也都是自行就醫或購買成藥治療，醫院也沒有列冊管理或積極要求回診。

這種認為娼妓是性病傳染元兇的偏執看法，即使到了戰後政權易手還是沒有改變。只是，日治時期政府要求娼妓定期檢查身體和對私娼的取締等性病防治，可說是很早就開始進行，但具體法令〈花柳病豫防法〉的實施，卻要等到一九四〇年才頒布施行，比起日本內地在一九二七年即已實施，臺灣足足晚了十幾年，而且在做法上看起來，某種程度也是先斬後奏。

我們常說「預防勝於治療」，雖然官方也試圖利用各式政令宣導來呼籲性病的預防，但就日本時代民眾對性病防治的觀念來說，或許可以說是「防」不及「治」，「治療」遠遠大於「預防」。

臺灣天氣多熱潮溼，一不小心染上性病就很棘手，表面上治癒了，實際上病體就像霉或癬一樣在身上生了根，稍不注意就又犯症。依據〈花柳病豫防法〉規定，日本統治者明定淋病、梅毒與軟性下疳為性病，而臺灣因為氣候溼熱，又有「第四性病」之稱的「鼠蹊淋巴肉芽腫」，它們也都是日治時期臺灣人常染的性病之一。淋病在日文稱做「淋疾」，漢譯為「淋證」、「陰道內皮炎」等，日治時期官方調查地方病與傳染病的報告中，記載淋病是由淋毒球菌所致，淋病症狀為尿道疼痛，患者常有頻尿的現象，男性患者排尿時膿血隨著尿液一同排出，並帶有疼痛感，病情嚴重時會造成其他生殖器官或排泄器官的炎症。淋病也是日治時期諸種性病中最容易「中獎」的一種，根治其難無比。曾經擔任臺北赤十字病院（紅十字醫院）皮膚病性病科醫長的宮原敦呼籲患者治療淋病要有耐心，淋病有時屬慢性，若無自覺罹患淋病，或是輕忽淋病的治療，很容易就使淋病復發，或引起其他疾病。日本時代臺灣五大家族之一的霧峰林家中，成員之一也是知名傳統文人林痴仙，也是淋病患者，他為了治療淋病，曾服用藥丸，並使用外用藥水及藥膏。

梅毒在日文又可寫做「黴毒」，漢名叫「楊梅毒」、「梅瘡」、「黴瘡」、「楊梅瘡」等。初罹梅毒，一開始淋巴腺會產生硬塊，接著病菌會侵入淋巴液、血液之中，造成患者神經衰弱的現象，梅毒病菌接著開始入侵內臟，患者的口、唇、腋下等皮膚也會生膿疱疹子，因此若稍不注意，會讓人誤以為是天花或其他的皮膚病。梅毒也是這幾種法定性病中致死率最高者。

中外歷史上死於梅毒的史事或傳說很多，中國史上最有名的史例莫過於清朝同治皇帝死於梅毒的野史說法。日治時期，梅毒的病害無論是在日本或在臺灣都未少見，一九二八年大稻埕檢番公布娼妓健康檢查結果，受檢者中約十分之一患有梅毒，同時期大稻埕貸座敷組合所進行之娼妓健康檢查，身患梅毒的娼妓也不少，當局一一命其接受治療。在日本，一九二五年報載東京盲人學校調查學童失明原因，若是後天失明者多因營養不良，但若是先天失明者則多因遺傳性梅毒所致。而楊逵寫過一篇小說〈父與子〉，父親陳不治就是身患梅毒而傳染給

8-10
臺灣通俗醫學。
像這本《家庭必攜臺灣通俗醫學》裡面詳載各種大小疾病的症狀、治療法及注意事項，小至傷風感冒，大到食物中毒、婦人生產，無一不包，應該家家戶戶都有一本才對，實在實用。

外遇女子不纏，不僅不纏的相貌因梅毒侵蝕而令人不忍卒睹，連私生子也因為梅毒遺傳及貧窮導致發育不良，成為智障。另一位小說家也曾描寫過得了性病的女丐，她被好賭的父親賣到煙花界成為妓女明珠，十三歲那年開始她的皮肉生涯，不知不覺感染梅毒，全身發熱發癢、長滿疥癬，但要是為了治療必須停業，少了收入，為了保持生計的繁盛，明珠還是掩飾著病症繼續接客，直到無法掩飾了，只好從妓女成為野娼，再成為托缽的女乞丐。

至於軟性下疳，其症狀為性器潰瘍，嚴重時甚至會伴隨其他性病。

性病的檢查除了觀察外觀變化外，還可透過抹片檢查或血清檢查得知，一九三二年豐原保正張麗俊連日感到身體不適，到醫院抽血檢查，醫生表示用顯微鏡檢查血液後發現其中帶有少數梅毒性，後來因為胯下生患而多次接受西醫注射治療，也吃瀉劑、貼膏藥，嚴重時也接受手術治療。連日來日記都提到下體有礙而不敢與花柳女子「婆娑」。

花柳病主要以性行為為傳染途徑，但發生性行為的情況未必都是嫖妓。許多例子顯示丈夫染性病後復傳染給妻子。一九三五年有位婦人投書給報紙的問答專欄，表示自己正深受性病治療所擾，原來是受丈夫尋花問柳之害。也有婦女因被強

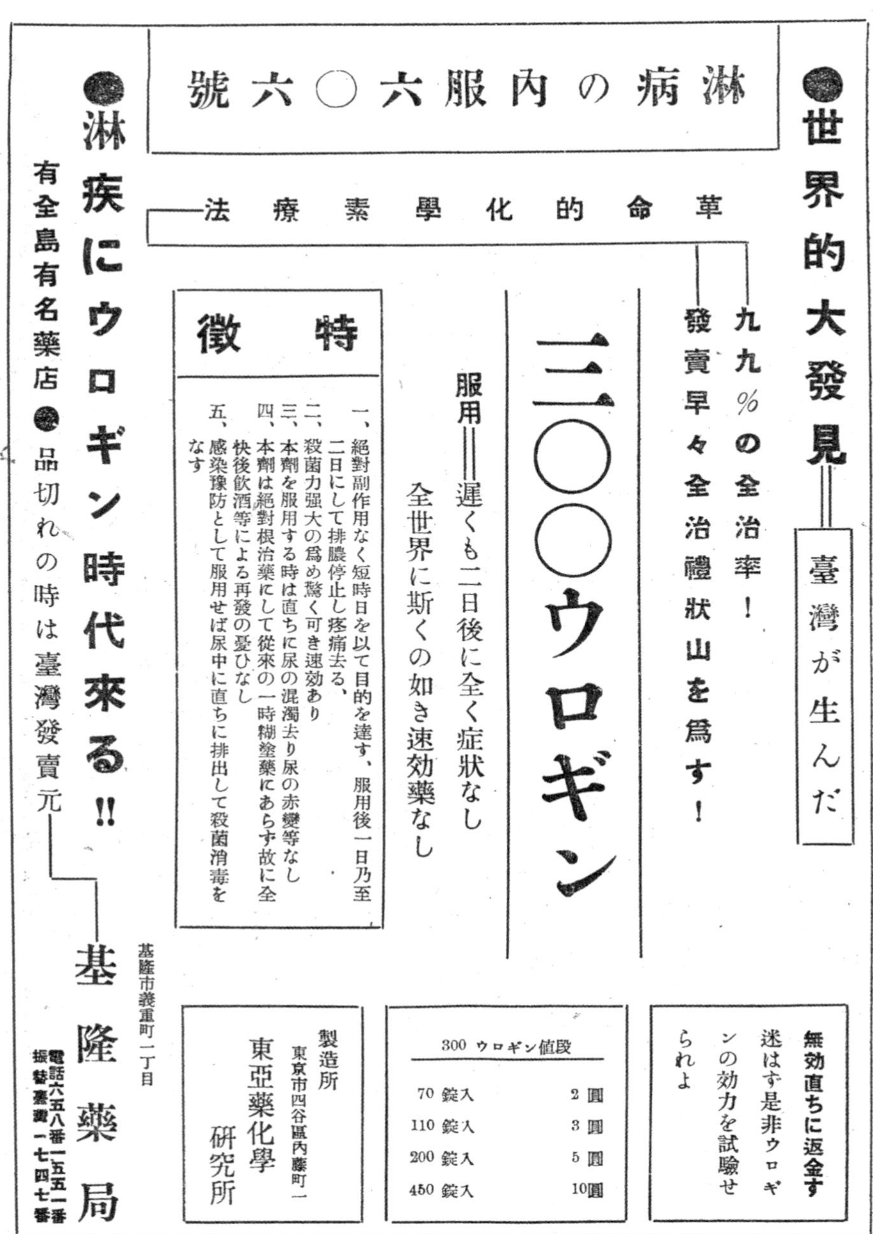

8-11
六〇六治劑廣告。
「六〇六治劑」是日治時期梅毒治療藥，這則廣告則是用以治療淋病，號稱治癒率達百分之九十九，服後數日即可止痛消膿，是短時間即見效的「絕對根治藥」。

暴而被傳染性病的悲慘案例。一九二八年報紙上曾經有文提醒婦女淋病可能導致子宮內膜炎、卵巢炎、喇叭管炎等生殖系統疾病，婦女如果結婚一星期後發現白帶極多、腹部作痛，要警覺可能是「多由男子之淋毒」。現代人有婚前健康檢查的觀念，但日本時代臺灣人的文化中顯然沒有這層認知，才會提醒婦人在婚後小心注意自己的身體健康，而非在婚前了解對方的身體狀況，以免「良人不良」。

日治時期婦人醫院內設有洗滌室，提供洗滌液和藥品讓病人用來清洗患部並塗抹藥品。而梅毒的治療特效藥有「六〇六號治劑」和「水銀劑」兩種。「六〇六號治劑」是一種注射藥，依照藥品廣告來看，它好像也可內服來治療淋病。「水銀劑」則是改良汞劑來治療梅毒。

淋病的治療則是以硼酸水洗去膿液，再用浸過醋酸鉛液的紗布包覆患部，接著讓病人飲入大量水分，透過排尿將病菌排出體外，同時配合內服藥物與注射消炎藥。罹患軟性下疳時要用升汞水清洗潰瘍處，然後施以消炎藥物與療法以降低不適。

除了西醫之外，漢醫長期在臺灣醫療市場中撐起一片天，談到性病治療時當然少不了食補與漢醫治療，漢醫也發明不少性病治療藥，大打廣告。如果是對患者的飲食建議，大致上不脫清心寡欲、飲食清淡去火等原則。

關於性病檢查，有些令人匪夷所思的是，官方似乎僅在乎娼妓是否身染性病，對於可能得病的嫖客卻沒有積極的管理手法。現在說起來實在很不公平，但那個時代因為官方對於介入男性的性病治療態度消極，使得男性要是身染性病，通常都在症狀產生之後才自行求診進行治療。

至於民眾為何對於性病的警覺與就醫之態度如此消極，當然是因為花柳病並非感冒、骨折、便祕或下痢，這種任何人都可能罹患的疾病，當時的民眾，無論男女都認為它畢竟還是從花街柳巷流傳出來的「汙穢病」。日治時期某小說寫到正處於花樣年華的女孩阿秀淪為賣春婦後被傳染性病，而到醫院就診的情形。她起初以為是感冒，但是「又不像！總之覺得很奇怪。白嫩的皮膚開滿了『梅花』。」當阿秀意識到可能是「那種病」，她隱忍著難為情的心境坐到醫生面前。醫生為她打完針後說：「最近最好不要再接客，行嗎？」阿秀沒有事先表明身分，卻因為性病而被醫生認為是娼女，如果當時醫療人員對性病抱持著「風流病」或「骯髒病」的看法，對性病病人來說，被診斷是性病，男性可能被認為是流連花街柳巷的嫖客，女性則可能被視為是出賣靈肉的賤業女子，如果是被配偶傳

8-12
就醫。
臺大醫院掛號批價櫃檯。日治時期西醫引進臺灣後，逐漸成為臺灣民眾就醫經驗的一部分。不過對性病的患者來說，就醫常引來異樣眼光，讓人不舒服，寧可買成藥自療。

8-13
日治時期性病多半讓人聯想到花街柳巷，女性患者要是不意患病，往往因擔心被人誤會操持風化行業而羞於就醫。

染，當事人即使想解釋，患病總是事實，醫生也未必給予同情的理解，實在是有苦難言。

如果求診總會面臨到被人以異樣眼光相待的窘境，醫院診所當然不會是個友善可親的地方，一旦得到性病，也只好選擇買成藥來自我治療。從性病成藥類型之多來看性病治療市場之大，那麼或許多多少少能夠感受到性病人口黑數之鉅。

日治時期性病治療成藥廣告非常常見，最多的是治療淋病和梅毒的成藥，有些藥商甚至不惜花費大筆金錢，在報刊上占去極大篇幅以宣傳療效。據說二十世紀初期日本人森下博製造風行世界的名藥「翹鬍子仁丹」時，這個商標最初就是治療梅毒的，後來才有仁丹的問世。時人發現自己患上性病後因羞於就醫，基於「隱疾」難言，性病成藥廣告亦經常標榜使用方便、隱密自我治療、快速見效。

性病藥的廣告手法五花八門，廣告詞彙也是個個強而有力，不是引起患者的焦慮，就是生動形容藥效，讓人忍不住想要相信它。「向香港特約治淋名藥白濁丸來臺發客」、「尤見特效」、「保證絕對根治」不稀奇，像是本藥「品質好才有效，有效才會暢銷」、「梅毒的治療切勿等閒視之，治療刻不容緩！」、「患者引頸期盼的免費治療方法問世！請別客氣地儘速來函索取」等才夠看。

還有一種不禁讓人心生熟悉親切感的行銷手法。不知道你的記憶是不是這樣？小時候，我們的阿公阿媽們好像都不太喜歡看醫生，或是很排斥上醫院看病，他們十分相信廣播電台賣的各種藥品，彷彿認定那些就是能夠拯救自己於各種身體不適的救命仙丹。電台廣告除了靠王祿仔仙的三寸不爛之舌，主打療效、猛力推銷之外，還會有一些自稱見證人的「熟客」打電話進電台，熟門熟路地和節目主持人熱絡，不斷強調吃了此藥之後如何如何身心康泰。

這種行銷手法，日本時代聰明的臺灣人怎麼可能不知道？我們姑且稱這種行銷方法為「使用者背書法」，找來一些自稱是愛用者的讀者投書以取信讀者。有些廣告也會一併刊登官方核准發售的執照，以昭公信。

另一種性病成藥的廣告手法是「名人推薦法」。由某某名醫、某某醫學博士或某某醫院院長具名推薦，保證藥效奇佳，例如說一九一六年報紙上出現一則報導，敘述臺北府後街某位姓本間的私立醫院院長多年研究治淋療法，終於研發出新療法。此療法「浸徹力強，立刻見效」，且「淋病梅毒豫防藥亦已發現」，正在申請核准。推薦者除了日本人或臺灣人外，有些廣告甚至標榜此藥是由國外某某醫學洋博士發明，過過海水說服力鐵定加倍。

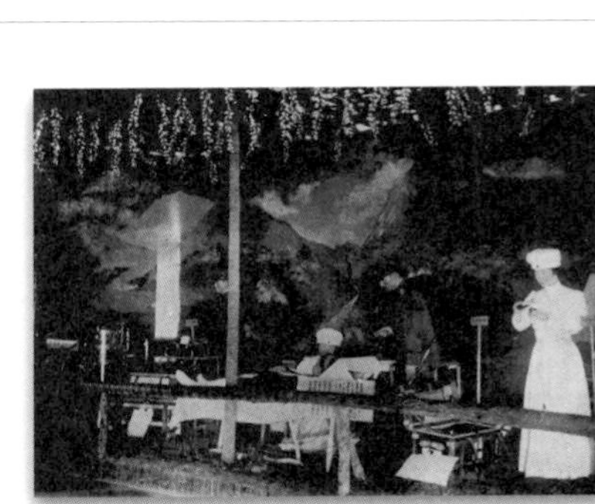

8-14
臺灣勸業共進會上，日本赤十字社臺灣支部展出近代醫療情形，性病治療也在近代醫療的範疇之中。

「吉原」是過去東京的遊廓之一。一九三二年報紙曾經出現全版報導，東京吉原病院佐藤院長研發治淋新藥的報導，堪稱集性病成藥廣告之大成。廣告中除了以「從根本殺死猛烈的淋菌」、「絕對安全的局部治療法」等詞介紹藥品之外，還有多位醫學博士背書，以及來自使用者的感謝函，患者表示使用此藥之後「難症在十日間治癒」、「推薦給同病者」、「愉快的活動」等，此等感謝函對現在正苦於淋病難治的患者來說一定頗具吸引力。報紙右下方洋洋灑灑地列出數十本刊物名稱，感謝這些刊物介紹並推薦此款良藥。最後，報紙左下角刊登小小的販賣啟事，告訴有需要的讀者可以到哪家藥局購買，如果無法千里迢迢前去購買者，他們也有提供海外郵購服務喔！

性病治療藥廣告之所以會用這麼多患者心得以為福音見證，說不定和藥品特性有關。日本時代臺灣報刊的廣告因為有許多可愛的圖片或設計而精采好看，為了加深消費者的印象，廣告設計有時會畫上身體部位或商品外觀作為主意象，比如說大名鼎鼎的獅王牙膏就畫上一支寫著「ライオン」的牙膏軟管；味精廣告也會有戰後味王味精包裝一般的「味の素」；解熱劑有溫度計為圖；牙痛藥就是一個表情痛苦的人張開大嘴接受診療。但是性病成藥廣告很難畫出特定的身體部位，畢竟患病部位很難在報章媒體上「公開見客」，性病成藥也沒有特定

8-15
德國醫生發明梅毒藥。
「貝魯茲丸」能治療梅毒、體毒、瘡毒等多種梅毒，畫著此藥名者的德國醫師貝魯茲（ベルツ）博士肖像更能給人信任感。

淋病患者に急告す

ブラオン銀ケンゴールの發見

前東京吉原遊廓吉原病院長佐藤榮先生の努力

九州帝國醫科大學旭憲吉博士の發表

總て淋病に感染して、一定の期間を經過すると自覺症狀が少なくなり、爲めに雜務に追はれ根治する事の出來ない、姑息的な手段を選ぶやうになり、遂に多數ある内服賣藥に頼り、疼痛排膿等が止まれば、全快と誤認し、その儘放任してゐる内に、再發又再發を繰返して、終には淋病は不治なりと諦め、或は何等かの機會に副睾丸炎、又は膀胱炎或は關節炎の併發を起し、或は罪なき婦女子に感染し、家庭の悲慘事を惹起せしむる等取り返しのつかぬ結果となる人が餘りにも多いので、實に氣の毒に堪へぬ次第であります。之れ一つは從來淋病治療に對する信頼すべき特效藥がなかつた缺陷にもとづくものであります。今まで淋病劑で、發見と稱するものは多數ありますが眞に學術的に見て、醫學上の新發見なる言葉を許し得る治淋劑は殆どありませんでした。

見よ！この激賞！

昭和六年六月號婦人倶樂部（[illegible]頁四頁）の記事で効力絶大なる「ブラオン銀」の發見として發表せられ、昭和六年四月號講談倶樂部及び富士等の記事に「ブラオン銀」ケンゴールの合理療法として發表せられ、尚昭和六年七月號現代及び雄辯等に代理部推奬として五頁に亙つて發表せられ、昭和六年五月號主婦之友（四頁）に於て淋病治療に偉大なる效果ある「ブラオン銀」の發見として激賞に激賞を重ねられし記事を發表せられ、昭和六年六月號文藝春秋及びオール讀物號（[illegible]）の記事で淋疾に卓効ある「ブラオン銀」ケンゴールの發見として發表せられ、昭和六年七月號婦人公論及び中央公論に代理部推奬として五頁に亙つて淋疾を根本から治す「ブラオン銀」ケンゴールの發見として發表せられ、昭和六年七月號通俗醫學（[illegible]頁四頁）の記事で淋菌を根本から死滅せしめる「ブラオン銀」の發見として激賞に次ぐに激賞を以て發表せられ、昭和六年七月號經濟往來（[illegible]頁四頁）に亙る記事を以て淋疾治療に偉大なる效果ある「ブラオン銀」の發見として發表せられ、昭和六年七月號健康の友（[illegible]）に五頁に亙る記事で淋病を完全に治す「ブラオン銀」ケンゴールの發見として發表せられ、昭和六年七月號婦女界（[illegible]頁四頁）婦人世界（[illegible]頁五頁）及び健康時代（[illegible]頁四頁）に於て淋病を根本から治す「ブラオン銀」ケンゴールの發見として發表せられ、其他實業之日本七月一日發行、文藝倶樂部、實業之世界、講談雜誌等に於て激賞に激賞を重ねられし記事を以て發表せられ、昭和六年八月號健康之光（[illegible]頁五頁）に亙る記事を以て淋病を根本から治す「ブラオン銀」の發見として發表せられ、帝國興信、日本興信日報に於て四日間に亙る連續記事を以て淋疾治療に卓効ある「ブラオン銀」發見さるとして掲載せられ其他各雜誌各方面で推奬に次ぐに推奬を受く。

治淋界の一大革命

淋病は内服藥で治らぬ

ブラオン銀の驚異的發見

猛烈な淋菌を根本から死滅させる

ブラオン銀研究部の一室

絶對安全な局所療法

醫界の權威實驗推奬

豫想以上の成績　醫學博士　山田　一

效力の適確　醫學博士　北井〓八

悉く快癒　醫學博士　山崎和雄

臨床醫家は斯くの如く證明す

醫學博士　遠藤英三郎

醫學博士　〓高定行

醫學博士　小林包友

感謝の聲

發表後間もないのですが、全治の感激に滿ちた禮狀や感謝狀が日々机上に山積の有樣であります。紙面に限りがありますので一々掲載出來ませんが左に掲ぐる書狀は名前以外は悉同じである如き昔歌的り事でなく一字一句が原文の儘であります。

同病者の友にも

愉快に活動

試ふが如く

薄紙を剝ぐが如く

一週間で全治

取扱所

8-16
吉原醫院廣告。
「急告淋病患者！」經過前東京吉原遊廓吉原醫院院長佐藤醫生的努力，終於發明了淋病治療藥「ケンゴール」，不僅刊登全版廣告，還找來不少醫學專家及使用者背書，可謂大手筆宣傳。

8-17
板野治淋藥廣告。
總督府認可的「板野淋藥」除了畫有一位戴眼鏡的醫生拿著該藥訴求專業性，還能「無效返金」，服用三日後若不見效果，無效退費，還送試用包。

的器材聯想，自然不容易用商標或儀器呈現，為了標榜療效和速效，通常都會畫上男性且帶著眼鏡，主打專業形象，或是邪惡的魔鬼頭，表示性病纏人正如邪惡的魔鬼一般，讓人求生不得，求死不能。

臺灣人也曾用自己的能力發明治淋新藥。一九三三年，臺中的臺灣人醫生王清木經過多年的潛心研究後，發明淋病特效藥，取名「五老美人」。「五老美人」是結合西醫與漢醫原理治療淋病，分為內服、注射、患部洗滌三種方式下藥，廣告強調臨床實驗堪稱有效，但實際效果如何，還有待查證。

說到治療性病，日治時期不脫內服、注射、患部洗滌這三種方式，但是除了內服的丹膏丸散與外用塗抹膏藥外，標榜能治淋病的儀器廣告也讓人眼睛一亮。它叫「治淋熱療器」，發明者是一個叫做海老澤廣雄的銀行家，他瞄準淋菌在四十度上下時容易死亡的特性研發而成。該治療器的圖顯示，除了加熱部位外還有一根長管，想必能使男性「貼身使用」。廣告中附有問答欄，欄中載明「本治療器的一大特長在於沒有醫學背景的素人也能上手」，器身為金屬製，遠途寄送也不用擔心損壞，體積小，在廁所等小空間也能自行「祕密治療」，保證個人隱疾不外洩。治癒之後還可轉手給患有同疾的親友使用，簡直是「送禮自用兩相宜」的好產品，但是其機身設計為男子專

（四）　昭和六年三月六日　臺灣日日新報　第一万一千九十七號

臨時 花柳病豫防協會特報

治淋熱療器特別宣傳

熱の力で「りん病」を治す

「治淋熱療器」特許さる

發明者は一銀行家

りん病不治論は化學藥の行詰り

藥物で全快せぬ理由

日本政府特許公報 記載發表の原文

熱療器と特許局下附の登錄證書

金五圓

分讓申込所 花柳病豫防協會

慢性でも淋菌は熱の力で滅滅す

素人に出來る熱療法

治淋界の殊勳 海老澤廣雄氏

患者の心得べき 淋疾の諸相

熱療器の三大特長

特許公報に安全 自由に目的を達す と發表された熱療器

淋菌と共に無効賣藥の征服

博士學者が證明した以上の日本政府特許局の登錄證

幸ひに販賣權 當會の主權に落ち 徹底的廉賣斷行

淋病になやみ

淋菌を死滅せしむる唯一の特許治淋「熱療器」

應答一束

化學藥の行詰りを打開し淋菌の巢窟を燒く

發明者の指令による徹底的廉價提供

金五圓

醫は仁術也療養は最低を以て誇りとせよ

注意

東京下谷區中根岸町 花柳病豫防協會

大阪支部

横濱支部

8-18

治淋熱療器廣告。

這是「熱淋治療器」的特別宣傳廣告。「熱淋治療器」是利用淋菌不耐高溫的原理，藉由加熱殺死淋菌。多數的淋病成藥都為內服藥劑或外用藥膏，較少看到「醫療器材」廣告，治療淋病的方法五花八門，這則廣告令人耳目一新。

用，婦人恕不適用。

性病可能真的是纏人的疾病，再發率高，患者除了自行購買成藥治療外，臺灣社會流傳一些治病偏方，讓患者躍躍欲試。比如說先前提到的張麗俊，在身體有恙後受檢，漢醫診斷他「陰虧腎水不足」，腹痛難耐的他聽人介紹祕方，服下後不但無效且「腎之大者更大，步履更覺維艱矣。」有些偏方讓人一試成主顧，也有些偏方讓人一命嗚呼。一九三二年，臺南有位姚姓男子久罹淋疾，聽人說蟾蜍油可根治淋病，於是在夜裡吞服大量蟾蜍油，結果腹部劇痛送醫，中毒斃命。也有人尋花問柳之後患病，聽人介紹服用漢藥鐘乳與陽起石，服下之後不多久即嘔吐下痢不止，經西醫注射之後仍然回天乏術。

一九三二年基隆的楊某自殺，被家人發現後緊急送醫挽救一命，問其尋短原因，原來是苦於性病久治不癒。一九三五年也有人因淋病造成失明，一時心生厭世之念上吊自殺。這種因性病不癒的苦惱而想盡辦法自殺的例子，屢見於日治時期的臺灣社會。

「情之一字，用於國家社會則有益，用於花柳場中則殺身。」把這句話用來形容花柳病，其實一點也沒錯。不過，用「性病」當作主題來看臺灣史中的男性與女性，隱約從中流露出一種悲傷的味道。對男性來說，他們的苦惱在於得了性病就

8-19
蘇金塗淋藥本鋪門口大剌剌地到處寫著「淋病藥」、「淋病專門家」、「淋病專門」，雖然廣告手法讓人印象深刻，卻不知道當時是否真的有人敢在眾目睽睽之下入內購藥？

8-20（右）
「本品是最新發現的藥劑，能夠救護患著花柳病而苦於沒有特效藥劑可以治療的同胞」，所以本藥命名為「新護苦色民」，文中還列出優於其他驅黴劑之處，「沒有什麼副作用，並且藥效又是很確實，所以不論男婦老少，都可以安心使用。」

8-21（左）
「九一四內服新藥」對梅毒、風溼痛有奇效，「世界馳名」，消費者購買時請指名臺北市永樂町的神農氏大藥房。神農氏大藥房除了治療梅毒的九一四成藥有名外，也調製生胃痛、感冒傷風、治咳等藥劑，配送至各地藥局販售，是當時臺北極知名的大藥房。

是難纏到似乎已經到近乎不治之絕症，對女性而言就更可憐了，為娼為妓者被官方當成性病的源頭而加以控制，為人妻者也要擔心遭另一半傳染，且大多數的性病成藥又都為男性設計，女性好像只能是「消費品」而不是「消費者」。

閱讀性病，以及性病治療，一方面看到當時人們的觀念和做法荒謬而有時覺得好氣又好笑，一方面也讓我們更加珍惜今日我們所身處的這個醫療發達的時代。

【附文】

現時普通講花柳病，亦有人講號做性病。親像梅毒淋病疳瘡，此的總講號做花柳病。就是人若去花街柳巷，彼煙花的所在開查某就能傳染。即號做講花柳病，此名真有意義不尚實在真利害。今現時傳染到全世界，各國去到什麼地方都有。在咱日本國內亦傳播真闊。此款病毒在咱臺灣亦真多，真強烈。若染著此個花柳病不但伊一個著慘。彼個病毒能染著伊的妻，續遺傳到子孫，成利害，慘到沒講。親像彼個精神病的，就是起狂的。也是嬰仔落出來的，也是嬰仔生做憨的。也是身軀弱沒飼得的，彼不成物的。彼個原因較大是從梅毒來。能青暝的，彼個原因亦由梅毒淋病來的真多。若染著此個花柳病，厝內的

8-22
唐氏淋藥。
性病成藥廣告較少看到以女性為廣告插畫者，此則「唐氏淋藥」只見女子裸身疊手而坐，仰首而望。藥名上下寫著「真真好寶貝、掃除淋病諸症，一服見效」，畫面簡潔直接，令人印象深刻。

人亦悽慘。因為如此，此個社會亦被伊打壞亦大受損害，算沒了。尚不但如此，就全國民的健康來講。因為國民傳染此號病，身軀能弱能歹，去的亦非常多。如此實在真正能驚死人。此號汙穢病實在是能使得講咱人類的敵人。咱政府亦真煩惱此層事情。盡心在豫防此號病。總是世間的人不驚此號花柳病放外外的款，彼是按怎。彼理由是如此，我說你聽。此號病由彼趁食查某傳染的較大面。所以少年的想講自己做歹子即染著此號病是神明的責罰。無法度續了然。若是老的就講老不修即染著的，自作孽不可活。各個想講自作自受，自己了然亦全無煩惱偲的子孫亦能受害。若染著此個病，本人驚見誚不敢俾醫生看。伊驚人知即暗做靜買藥仔自己洗自己糊自己食。此號病越傳越多彼個原因就是由此來。所以大家欲持防即好。著清氣相即好。設使若染著就隨時趕緊俾醫生看俾打疊即好。第一不好就是放無要無緊，自己祕密打疊。此個梅毒行房以外相吻嘴亦能傳染，所以大家著十分注意。咱國大大在向望此去國民愈生愈多，愈好。不拘此的國民身體勇健無病即好。各個著知講花柳病的害處，十分顧衛生可豫防即好。

悲歡離合總是詩，婚戀愛欲也是史。

讀完這部「不純情羅曼史」，還有很多很多值得一提，生活中的故事，總是說也說不完。

撥開了歷史中的民族氣節與正義凜然，原來裡面還有這麼多的美麗故事正在閃閃發光，愛不釋手。細細咀嚼這些交雜著靈魂與肉體的故事，讓人忍不住有點羞澀又帶著好奇，看了還想再看，愛情故事，絕對歷久彌新。

臺灣人有情可愛，也正在這些愛欲故事裡，而且原來那個時代的臺灣人不能只跟著感覺走，還要跟著法律走、跟著人情走、跟著社會走，這條路有阻礙了，換條路繼續走，臺灣人的婚戀愛欲，就這樣走到了今天，沒有一天停止。

歐陽修說，「人生自是有情痴，此恨不關風與月。」在臺灣，這句千古名句自關風月，不管什麼原因，我們雖然每在曲終人散、情盡義絕時哭得肝腸寸斷，但總慶幸在這個無情人間，讓我們在每次的痛苦悲傷之後，學到了珍惜更多有情事，珍惜愛。

謝辭

能夠把時間和心力投注在最愛的臺灣史，是幸福；能夠把最愛的臺灣史介紹給更多人認識，是幸福中的幸福。

能有這本書，首先要感謝指導教授戴寶村教授多年來對我的提攜指導，戴老師把我引進臺灣史，我才有幸看見一片繁花盛景，了解自己多愛這塊土地，讓我更想親近、了解它，甘心為它廢寢忘餐，樂而忘歸。還要感謝國立中央圖書館臺灣分館，盡力保存維護日治時期的珍貴臺灣史料並提供給讀者利用，如果沒有臺灣分館對典藏的用心，研究者也無法一窺日治時期的臺灣風貌。此外，感謝郭双富老師、李焕章老師提供珍貴所藏供本書使用，讓內容更為完整。特別感謝我在臺灣分館服務兩年餘的時間裡，黃雯玲館長、李玉瑾主任給我空間與資源支持我投入臺灣史研究，以及我一票可愛的同事們，和你們共事的日子，是我人生中的美麗時光。

謝謝臺灣、日本曾經給我協助與照顧的每位師長朋友，你們都間接地促成這本書的誕生，也感謝盧宜穗小姐與博雅書屋同仁，維繫著這本書的各項協調，最後感謝我的父母姊弟，以及在天上的大弟，謝謝你們教給我人生的無盡寶藏。

參考書目

第一章

臺灣日日新報社，《臺灣日日新報》。

臺灣子供世界社，《婦人與家庭》（臺北：臺灣子供世界社，1919-1920）。

風月俱樂部，《風月》（臺北：風月俱樂部，1935-1936）。

風月俱樂部，《風月報》（臺北：風月俱樂部，1937-1941）。

蔡依伶，〈從解纏足到自由戀愛：日治時期傳統文人與知識份子的性別話語〉，國立臺北教育大學臺灣文學研究所碩士論文，2007。

陳莉雯，〈「島都」與「戀愛」：風月報相關書寫的再現與想像〉，國立清華大學中國語文學系碩士論文，2007。

第二章

臺灣日日新報社，《臺灣日日新報》。

風月俱樂部，《風月》（臺北：風月俱樂部，1935-1936）。

風月俱樂部，《風月報》（臺北：風月俱樂部，1937-1941）。

臺灣藝術新報社，《臺灣藝術新報》（臺北：臺灣藝術新報社，1935-1939）。

林天定，《臺灣漢藥學（續篇） 附賣藥製造規則篇，法規答案集》（臺中：臺中藥學講習會，1932）。

第三章

臺灣日日新報社，《臺灣日日新報》。

風月俱樂部，《風月》（臺北：風月俱樂部，1935-1936）。

風月俱樂部，《風月報》（臺北：風月俱樂部，1937-1941）。

臺灣婦人界社，《臺灣婦人界》（臺北：臺灣婦人界社，1934-1939）。

胡文青，《臺灣的公園》（臺北：遠足，2007）。

吳美枝，《臺北咖啡館：人文光影紀事》（臺北：臺灣古籍，2007）。

葉龍彥，《臺灣的老戲院》（臺北：遠足，2006）。

臺灣體育協會，《創立十週年紀念臺灣體育史》（臺北：臺灣體育協會1933）。

第四章

臺灣日日新報社，《臺灣日日新報》。
片岡巖，《臺灣風俗誌》（臺北：臺灣日日新報社，1921）。
池田敏雄，《臺灣の家庭生活》（臺北：東都書籍會社臺北支店，1944）。
山根勇藏，《臺灣民族性百談》（臺北：杉田書店，1930）。
手島兵次郎，《臺灣慣習大要》（臺北：臺法月報發行所，1914）。

第五章

臺灣日日新報社，《臺灣日日新報》。
萬年宜重，《改訂臺灣民事諸手續要覽》（臺北：臺法月報發行所，1935）。
臨時臺灣舊慣調查會，《臨時臺灣舊慣調查會第一部調查第三回報告書 臺灣私法》（共六冊）（臺北：臨時臺灣舊慣調查會，1910-1911）。
臺灣總督府財務局，《本島人ノ親族及相續慣習ニ關スル判例集》（臺北：臺灣總督府財務局，1936）。

第六章

村永史朗，《臺灣日治時期的民事爭訟調停》，國立臺灣大學法律學研究所碩士論文，1999。
王泰升，《臺灣日治時期的法律改革》（臺北：聯經，1999）。
陳昭如，〈法律東方主義陰影下的近代化：試論臺灣繼承法史的性別政治〉，《臺灣社會研究》72（2008.12），頁93-135。
陳昭如，〈日本時代臺灣女性離婚權的形成—權利、性別與殖民主義〉，《臺灣重層近代化論文集》（臺北：播種者，2000），頁211-254。
王泰升，〈日治時期臺灣人親屬繼承法的變與不變〉，《政大法學評論》58（1997.12），頁21-32。

第七章

姚政志，〈「三六九小報」中的臺灣藝妲（1930-1935）〉，《政大史粹》7（2004.12），頁37-90。
朱德蘭，〈日治時期臺灣花柳業問題（1895-1945）〉，《國立中央大學人文學報》27（2003.6），頁99-174。
林弘勳，〈日據時期臺灣煙花史話〉，《思與言》33：3（1995.9），頁77-128。
邱旭伶，《臺灣藝妲風華》，（臺北：玉山社，1999）。
竹中信子，《日本女人在臺灣 明治篇》（臺北：時報，2007）。

第八章

臺灣日日新報社，《臺灣日日新報》。
臺灣藝術新報社，《臺灣藝術新報》（臺北：臺灣藝術新報社，1935-1939）。
臺灣漢醫藥研究室，《東西醫藥報》（臺北：臺灣漢醫藥研究室，1935-1937）。
皮國立，《臺灣日日新：當中藥碰上西藥》（臺北：臺灣書房，2008）。
朱德蘭，〈日治時期臺灣花柳業問題（1895-1945）〉，《國立中央大學人文學報》27（2003.6），頁99-174。
柴辻誠太郎，《臺灣總督府法規提要》（臺北：臺灣日日新報社，1916），頁2。

歷史迴廊 021

不純情羅曼史

日治時期臺灣人的婚戀愛欲

作者　蔡蕙頻 (376.3)
發行人　楊榮川
總編輯　龐君豪
編輯　陳姿穎
插畫　陳采瑩
設計　井十二設計工作室
法律顧問　元貞聯合法律事務所 張澤平律師

出版者　博雅書屋有限公司
地址　台北市大安區(106)和平東路二段339號4樓
電話　02-2705-5066（代表號）
傳真　02-2706-6100
網址　http://www.wunan.com.tw
電子郵件　wunan@wunan.com.tw

劃撥帳號　01068953
戶名　五南圖書出版股份有限公司

初版一刷　2011/09
定價　NT$350

國家圖書館出版品預行編目(CIP)資料

不純情羅曼史
蔡蕙頻著
初版，臺北市，博雅書屋, 2011.09
面，公分. -- (歷史迴廊；21)
ISBN 978-986-6098-16-1(平裝)

1.戀愛 2.文集
544.3707　　100011541